これからの
社会科教育は
どうあるべきか

著　澤井陽介／中田正弘／加藤寿朗／宗實直樹

東洋館出版社

はじめに

「これからの○○はどうあるべきか」

これは社会科の授業の中で、教師から時折提示される種類の問いです。言うまでもなく、よりよい未来社会の方向を探ろうとするものです。では、社会科という教科としてはどうでしょう。

社会科は、社会の変化、時代の変遷に応じて学習指導要領が改訂され、それに伴う変化を遂げてきました。しかしその一方で、学習指導要領の性質上、「ほぼ10年に一度の改訂時に社会の変化を踏まえて精査する形を繰り返すにとどまっている」という見方もできます。

また、学校の教育現場からは「指導が難しい教科である」という声が、社会科や地理・歴史科を経験した大学生からは「覚えることが多くて苦手な教科」という声が聞かれます。こうした声からは、何か社会科だけが異質な教科だと受け止められているような印象を受けることすらあります。それは、社会科の改訂や社会科授業の改善について議論する際、社会科という教科の枠組みに限定された議論が中心になり、「学校教育における社会科」「教育課程全体の中の社会科」といった視点が不足していたからなのかもしれません。

おそらく次の学習指導要領改訂は、2027年あたりになることでしょう。

ですからそれまでの間に、多様な視点から「そもそもどうあるべきか」を自由闊達に議論したいと考えて上梓したのが本書です。

現状の何が難しいのか、どう考えればそれが改善されるのか、世界の潮流や日本の教育改革の動向の中でこれからの社会科はどうあるべきか、そもそも社会科の本質をどこに求めればよいのか等々について、私を含めて、４名で自由に論じています。いずれも、既に決められた事項ではなく、よりよい未来を考えるための試行錯誤の一環です。本書をきっかけにして、今後数年間、読者の皆様と一緒に「社会科教育はどうあるべきか」について考えていければ幸いです。

令和５年12月吉日　大妻女子大学教授　澤井　陽介

これからの社会科教育はどうあるべきか

| 序章 |

どの教科等にも通底する「そもそも論」

「これからの社会科教育はどうあるべきか」について論じる前に、教科等を問わない「そもそも論」を通して、「現状の課題は何か」を明らかにしたいと思います。

近年、小学校や中学校の日常の授業（研究授業ではないという意味です）を観る機会が増えたことで気付くことがあります。それは「課題（問い）」がない、あるいははっきりしていない授業があるということです。

提案①「課題（問い）」のない授業をなくそう

そもそも、「課題（問い）は何のためにあるか」について考えてみましょう。**資料1**は様々な教科等の授業を想定したイメージ図です。

どの教科等にしても、授業を行うには「目標」が必要です。その実現のために「内容」や「教材」があるわけですが、それさえあれば資質・能力をバランスよく育てる授業になるわけではありません。子供が「何のために学習活動を行っているのか」を自覚できないからです。ややもすると教師の教え込みになって、子供たちに養われるのは、（資質・能力の三つの柱のうちの）「知識及び技能」に偏ってしまうことになります。

発想の転換が必要なのです。そこで**資料2**をご覧ください。

これは、「学習活動は課題解決という目的のために存在する」という仕掛けを表したものです。この考え方であれば、「学習課題（問い）を解決するために学習活動に取り組む」という目的を自覚しながら学ぶことになります。

資料3に示したように、そもそも資質・能力は汎用性があり、活用できる学力を想定したものです。

授業において子供は、疑問や予想をもち、実際にやってみたり調べたり、話し合ったりします。その際、比較したり関連付けたり、結論をまとめたりして表現します。このような問題（課題）解決のプロセスを通して、自分なりの意見や感想をつくり出し、資質・能力を自ら総合的に高めていきます。そのようにしてはじめて、「知識及び技能」のみならず、「思考力、判断力、表現力等」や「主体的に学びに向かう力、人間性」という三つの資質・能力が、バランスよく養われていくのです。

資料１　目標と学習活動のみの授業

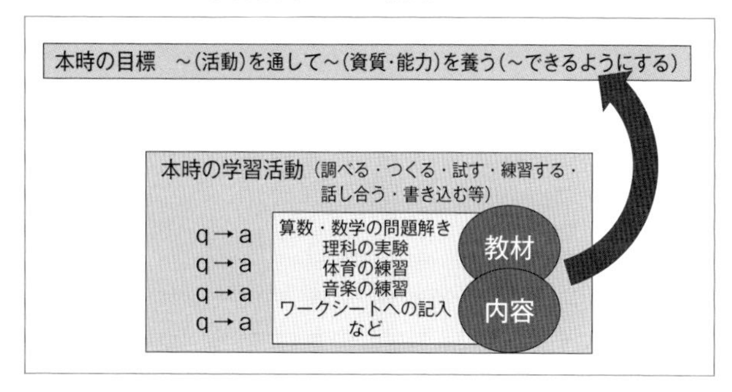

資料２　課題解決のある授業

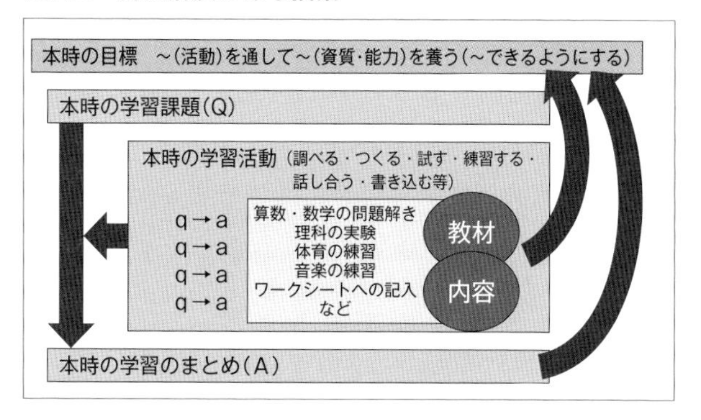

資料３　文部科学省が説明する「新しい時代に必要となる資質・能力」

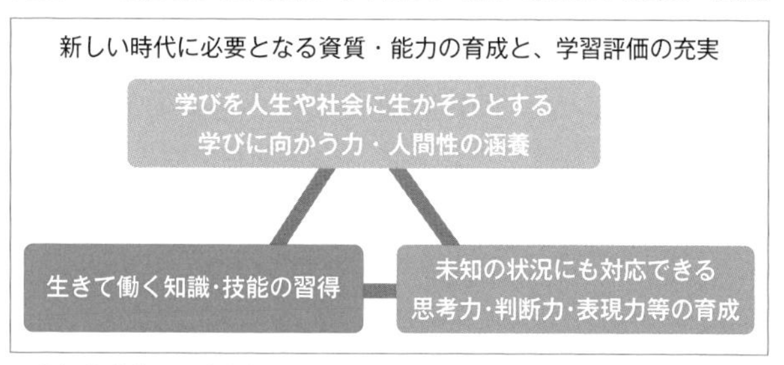

＊文部科学省説明会資料

さらに、次頁の**資料４**のように、学習課題に対する予想や考え、意思など（以後、全部まとめて「意思」という。図中の●）を介在させることによって、子供は自らの主体性を発揮しはじめます。つまり、自らの意思をもって学習活動や学習内容に取り組めば（図中の太い矢印）学びを自分事にすることができるということです。

資料4　子供の意思が生きる課題解決

このように、子供の学びにとって「課題（問い）」は欠かせないファクターなのですが、（授業像や学習観を具体的にイメージしにくいからか）軽視されがちでもあります。しかしそのままでは、「教師が教えた分しか育たない子供」にしてしまうことでしょう。

提案②「課題（問い）」を楽しもう

そもそも教師は自分自身が疑問に思えない課題（問い）に対して指導意欲を高めることはできません。子供にしても本気にはなれないでしょう。これは、どの教科等でも変わらないと思います。問題は、どうすれば教師として疑問に思える課題（問い）を見いだせるかです。

私たちが「問い」をもつのは、およそ次の場面ではないでしょうか。

「そんなことはいままで知らなかった…」と未知に出合ったとき

「それって、そうことだったっけ…」と既知との「ズレ」を感じたとき

こうした問いのすべてを授業に生かせるわけではありませんが、そう思える感覚は大切です。若い頃は気付きませんが、（よほど意識していないと）年齢を重ね知識が増えるうちに薄らいでしまう感覚です。それとともに子供が食いつきそうな課題（問い）も思い浮かべられなくなります。

分かったつもりでいる子供たちに、本物の理解を届けるには、子供を

ハッとさせ、本気にさせる「問い」が必要です。「本当にそうか」「なぜ、そう言えるのか」「～でないと言い切れるか」といった問いです。しかし、どの教科等の授業を観ても、そのような場面を見かけることはあまりありません。

イギリスの哲学者であるカール・ポパーは、「反証可能性」を提唱しました。これは、科学（的真理）とは常に反証事例に耐えながら現在に至っている（常に反証される可能性を有している）という考え方であり、そのようにして科学の真理は追究されてきたと言います。子供たちの学習もまた、「反証可能性」があると考えることができるのではないでしょうか。

授業に際して教師は、あらかじめ答えを用意しておくわけですが、教材研究を通して教師自身が感じた「本当か？」「なるほどそういうことだったのか！」と感じた課題（問い）は、授業を通じて子供に届くものです。そもそも多様な解釈・多彩な解のある社会的事象を扱うのが社会科ですから、なおさらそうだと言えるでしょう。

提案③　思考・表現の仕方を身に付けられるようにしよう

どの教科等の授業でも、子供たちの発言が重視されます。なぜなら、子供たちが確かに学んでいるかは、子供たちの発言や記述をよりどころにするほかないからです。

しかし、教材研究を重ねるほどに、一方的な説明に終始する授業にしてしまうこともあります。問いを工夫しても、一部の子供しか発言してくれないこともあるし、話し合いや議論が得意ではない先生もいます。

加えて、一口に子供の発言といっても、直感的な予想、部分的な気付き、総括的な感想など様々な種類があります。それに対して教師は、その子なりに考えたことを表現することを求めます。学習評価の観点に「思考・判断・表現」があるからです。「調べて考える」ことを重視している社会科では、とくにそうでしょう。事実を調べて特色や意味を考え、態度を表明することを教科目標に据えているからです。

資料5　トゥールミンの「三角ロジック」

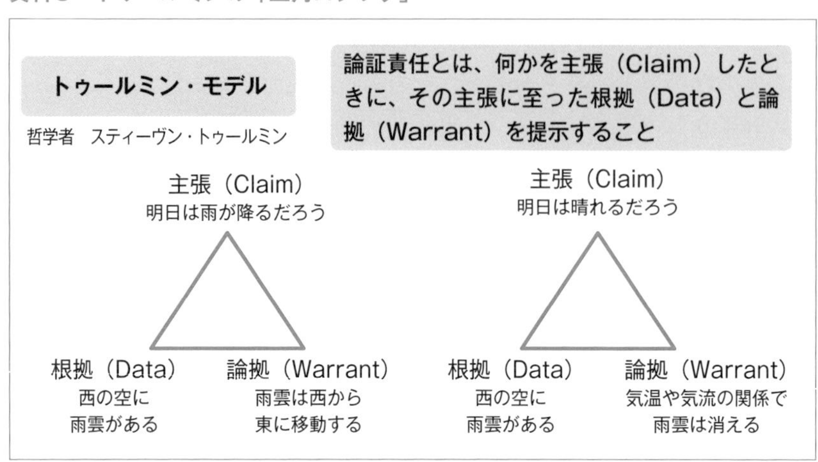

では、どのように発言すれば「考えたこと」になるのでしょう。そのヒントになるのが、**資料5**です。この図はイギリスの科学哲学者であるスティーヴン・トゥールミンが提唱した論理的思考の枠組みで、「三角ロジック」とも呼ばれます。学びの枠組みとして考えるなら、**資料6**のほうがわかりやすいかもしれません。

私たちが何かを結論付けたり主張したりする際には「根拠」が必要です。誰もが知っていることですが、そうであるがゆえに忘れがちなことがあります。それは、根拠と結論とを結び付ける「理由付け」です。**資料5**で言えば、「理由付けが異なれば『雨天だ』『晴天だ』と結論も異なる」ということです。

このように論理的思考には一定の必要条件があります。極論すれば、「理由付け」が抜けると、教科書に書かれていることがそのまま結論となってしまいます。それでは、子供の考える余地がなくなってしまいます。

社会科の学習で言えば、「スーパーマーケットは品数が多い→だからお客さんが集まる」という思考・表現にとどまってしまう状況がその典型です。「なぜ品数が多いとお客さんが集まるのか」という視点が欠けているのです。

「いつ行っても品切れがないから」「自分の好きなもの、今日の料理に合うものを選べるから」などといった理由付けを考え表現することではじめて、社会的事象の特色や意味（販売の工夫：消費者ニーズへの対応）の理解に届くのです。

資料６

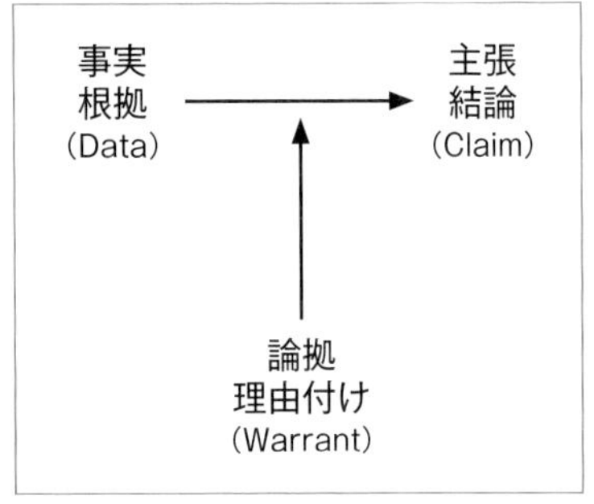

教科書の記述は、子供が思考するための材料（資料・情報）にすぎません。それを基に考え（理由付けして）自分の結論・主張をつくることこそ重要なのです。そのように育てれば、子供たちはいくつもの事実・根拠をもとに考え、様々な理由付けを行うことを通して多様な結論に向かっていきます。だから、議論や話し合いが成立するのです。

現在、機械学習によって精度が上がりつつある生成AIの登場によって、今後、子どもたちの学習の様相は変わってゆく可能性もあります。しかし、学びの本質が変わるわけではありません。なぜなら、AIを有効活用する際にも欠かせないのが「問い」（質問力）だからです。

生成AIの世界で重視されているプロンプトエンジニアリングとは、AIが有効に解釈できる指示文章を構造化することです。このことは、AIに問う「問いの質」（問いの内容、条件設定、応答力）が低ければ、有益な情報を引き出せないことを示しています。

問いや疑問をつくれるのは人間以外にありません。柔軟な思考、創造性、情報活用の目的や価値を考え、判断する。あるいは、言語表現を交わし合い、合意形成したり心を伝え合って理解し合う。こうした人間の所作は、今後も何ら変わりはないのです。

こうしたことからも、**社会科は未来社会を人間らしく豊かに生きる子供たちに必要な素地を育む教科なのだ**と言えるでしょう。

＊

本書は、様々な課題意識や知見に基づき、思い思いに社会科の現状や未来像に切り込み、未来社会を生きていく子供たちにどのような社会科を届けたいか、各執筆者の願いを込めた書籍です。そのため、「小論」の集まりとして受け止めていただき、頭から通しで読むというよりも気になった章から読んでいただくのがよいと思います。

（澤井陽介）

【序章：参考・引用文献】
・文部科学省「小学校学習指導要領解説　社会編」2017年
・小河原誠著『反証主義』東北大学出版会、2010年
・スティーヴン・トゥールミン著、戸田山和久、福澤一吉訳『議論の技法』東京図書、2011年

第 1 章

社会科の
問題解決的な授業を
どのように定着させるか

1

現場で困っている学習問題づくりの問題をどう解決するか

課題意識

社会科の授業を観ていると、多くの先生方が苦慮してる場面があります。それは単元はじめの学習問題づくりです。どうも「社会科の学習問題は他教科にはない特殊なものだ」といった受け止めがあるように感じられます。

本来、子供たちが一番わくわくしてこの後の学習への期待をもつ場面であるはずなのに、先生方も子供たちもそうならない点が課題です。そこで本稿では、どのようにすれば学習問題づくりがうまくいくのかについて考えていきます。

「学習問題づくりが思うようにいかない」と悩んでいる先生方の多くは、学習問題づくりを「子供たちの疑問をつなぎ合わせて『問題文』をつくることだ」と考えているように感じられます。

その考えを、「学習問題づくりは子供たちがこれから調べることを方向付けることだ」と切り替えるとよいでしょう。**「①事実を調べて→②特色や意味を考える」という大まかな単元展開を描き、①を中心にして学習問題をつくればよい**と考えればイメージしやすくなります。

提案① 「問題文をつくる」ではなく、「子供が学習の見通しをもつ」ことを目指す

1 調べることを方向付ける

教科書のページ構成を見てみると、学習問題は単元のはじめのほうで設定されています。しかし、見開きの２ページで１コマの授業時間を想

定することが多い教科書において、学習問題は２ページ目の右下に書いてあります。そのため、１コマ時間の終末に設定するかのように錯覚してしまいがちです。

しかし、「学習問題をつかむ」ことの意味は「問題解決への見通しをもつこと」に等しいものであって、終末に設定することを想定しているわけではありません。ここを勘違いしてしまうと、「学習問題は子供の細かな疑問をつなぎ合わせ、授業の最後に『問題文』として完成させなければならない」などと思い込んでしまうわけです。

大切なことは、問題文をつくることではありません。これから調べる（べき）ことを方向付けることにあります。ただし、「これから調べること」だとはいえ、何でもよいわけでもありません。単元の目標に迫れるようにする必要があります。そのため、学習問題に向かう社会的事象との「出合い」（教師の資料提示や発問など）が必要になるわけです。

2 学習問題に向かう「問い」を生み出す

例えば、「自動車工場について調べたいことは何か」ではなく、「なぜ、こんなにたくさんの自動車を短時間でつくれるのか」など、「自動車の生産の仕方」に向かう「問い」が生まれるような社会的事象との「出合い」です。単元の目標である「日本の工業生産の特色」を理解できるようになるには、「自動車の生産の仕方」という学習内容の範囲指定が必要だからです。**資料や発問を通して社会的事象と意図的に出合わせることこそ、学習問題づくりにおいて教師が重視すべき指導**なのです。

社会的事象との望ましい出合いがあれば、子供のなかで生まれた気付きや疑問が「学習問題に向かう問い」になります。そうすれば「なぜだろうね」「どうなってるのかね」などと子供たちの反応を受け止めながら、「つまり、みんなの調べたいことはこういうことかな？」などと教師が意図的に学習問題を「設定」できるようになります。

子供の疑問や気付きは、教師によって提示された事実に基づく個別的・具体的なものです。それらをいくらつなぎ合わせていても、単元の目標に迫れるような抽象度の高い学習問題にはなりません。そこで、それらを教師が「大きな問い」へとまとめ上げるわけです。

資料1

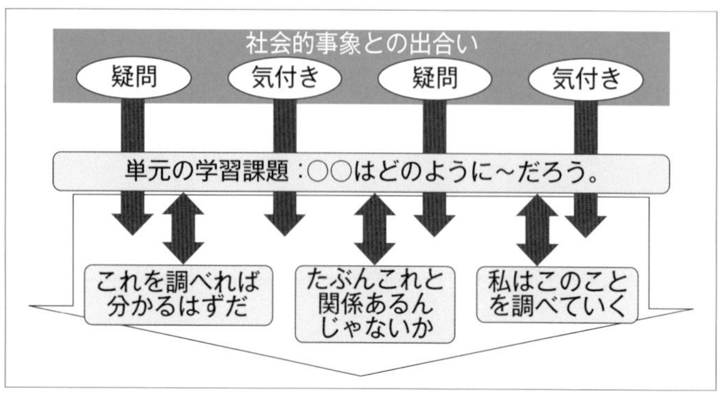

3 大切なのは予想を引き出す教師の問いかけ

ここで注目すべきは、教師は1コマ時間の終わりではなく、はじめのほうで「なぜできるのかな」「どんな仕組みになっているのかな」などと学習問題に直接つながる「問いかけ」をしていることです。そこで、学習問題は最後に設定すると考えるのではなく、「はじめに問いかけておいて、子供たちと疑問や予想を引き出しておき（学習問題のイメージや学習の見通しをもたせておき）、最後のほうで教師が問いをまとめ上げて板書する」と考えたらどうでしょうか。

大切なのは、問題文作成ではなく、社会的事象との出合いの際に出た疑問について子供とやりとりしながら、予想を引き出しておくことのほうにあります（資料1）。その際、「たぶんこうじゃないか」「～に関係があるのでは？」などといった曖昧な予想でOKです。

予想は学習問題を設定した後でも立てることができますが（学習問題に対する予想なので筋としてはそのとおりなのですが）、子供にとっては抽象的な学習問題「どのように～」よりも、自分たちの具体的な疑問「なぜ～」のほうが予想を立てやすいのが現実です。学習問題を設定した後に「では、さっきの予想から学習計画を考えていこう」と促すという案配です。

その際、個別的・具体的な予想を「つまり、人々の働きに関することだね」「機械やコンピュータの働きとまとめていい？」などとカテゴリー化することが必要です。それらを基に学習計画を決める際には「人々はどんな働きをしているか」「機械やコンピュータはどんな役割を担うか」などと、あらためて疑問形にしておくと、以後の授業において「本時の課題」として使えて便利です。

子供が「学習問題をつかんだ」状態は、問題文のみを理解した状態ではなく、**はじめに出合った社会的事象とそれについての気付きや疑問、予想などが前後に絡み付き、追究・解決の見通しを大まかに把握できた状態だと捉えればよい**と思います。指導案を書く際も、本時の目標は「学習問題をつくる」ではなく、「学習の見通しをもつようにする」にすれば、指導の意図がはっきりします。

提案② ワンパターンから脱却し、いろいろな型の学習問題に挑戦してみる

学習問題には、「どのような［に］型」があり、授業において多く用いられます。これには理由があります。幅広い予想を立て様々な事項を調べることができ、それによって社会的事象の特色や意味を豊かに結論付けられるからです。

この「どのような［に］型」には、曖昧で抽象度が高いイメージがありますが、実は事実を調べることに止めず、特色や意味を考えてから「このように～」とまとめることができる点でとても便利で奥深い型なのです。

本来、学習問題にはバラバラな知識を束ねて概念化するという働きがあります。調べたこと（知識）は、学習問題というフィルターを通すことにより、それらが相互につながり、「こんな特色が～」「こんな意味が～」と概念化に向かう仕掛けになっています。そう考えると、特色や意味を考える（追究する）ことまでを求める学習問題こそ、学習問題らしいと言えるのかもしれません。

他方、特色や意味に直接迫る学習問題を考える際には、「①事実を調べて→②特色や意味を考える」単元展開の②までを視野に入れることになります。そのため、社会的事象との出合いがいっそう大切になり、この段階で「特色」や「意味」のイメージをもてるようにする必要があります。そうでなければ、いきなり難しい言葉を教師が一方的に提示することになってしまいます。

こうした点を踏まえて、次の方法に挑戦してみてはいかがでしょう。

1 「部分→全体型」の学習問題

これは、社会的事象との出合いの際に、特色や意味の一部を把握させる方法です。例えば、資料を提示して話し合い、「自動車の輸出はこんな特色があると言えるね」と確認した後で、「では、工業全体でみると日本の貿易にはどんな特色があるだろう」と設定する、あるいは、「私たちは天気情報からどんな影響を受けているか」について話し合った後に「私たちはマスメディアの情報からどのような影響を受けているだろう」と設定するなど、特色や意味がどのようなものであるかを例示しておいてから視野を広げて学習問題を設定する型です。

2 「なぜ型＋多様な予想」の学習問題

意味を追究する代表的な学習問題は「なぜ～だろう」です。ただし、様々な事項を調べてからというよりも、一定の答え（解）にすぐにたどり着いてしまう点が懸念されます。その改善策としては、幅広い予想を引き出すことです。

例えば、「庄内平野ではなぜ、人気のあるお米をつくれるのか」という学習問題であれば、自然環境が適しているのではないか、従事する人々が工夫したのではないか、いろいろな関係機関と協力しているのではないか、長い歴史があるのではないかなどと、子供たちから様々な予想を引き出し、それらを生かして学習を展開します。

毎時の課題（めあて、問い）では、「どのような環境か」「どのように生産しているか」「どのような協力があるか」などと「どのように型」を並べて丁寧に事実を調べていくことになります。「なぜ型」と「どのように型」はどちらがよいというよりも、単元を通して組み合わせるのが効果的です。

特色を考えさせる学習問題については、**単元の終末の「学習のまとめに向かう問い」として「どのような特色と言えるか」と問いかけ、調べたことを基に子供一人一人の解釈が表現されるようにするとよい**でしょう。

3 「価値や意思を問うサブテーマ設定」の学習問題

「どのように生産しているだろう」という問題文をそのまま受け止めれば、子供たちが生産方法を調べた段階で解決できてしまいます。それに対して単元目標は多くの場合、生産に従事する人々の工夫や努力を考えることまでを求めています。このギャップを埋める改善策として、「どのように工夫や努力をして生産しているのだろう」などと特色や意味を考える学習問題にすることが挙げられます。

しかし、工夫や努力という文言のイメージを子供がもたないまま（見通しのないまま）調べ活動に進んでしまったり、調べた事実を束ねて意味付けることではじめて理解できるはずの工夫や努力という文言を最初から子供に与えたりしてしまうことになれば、子供は学びを深めることができなくなります。

加えて、単元の終末に設定されることの多い「選択・判断する」「多角的に考える」活動への不自然なつなぎも指摘されます。単元の学習のまとめをしてから、「では、これからは～？」「自分（あなた）たちは？」などと教師が唐突に問いを投げかける展開になりがちだからです。

これらの課題の解決策として、「サブテーマ設定型」の学習問題が考えられます。例えば、「自動車工場Ａではどのようにたくさんの自動車を生産しているのだろう～生産に関わる人々は何を大切にしているか～」「自然災害から私たちの安全を守るために誰がどのような活動をしているのだろう～どうすれば災害の被害を減らせるのか～」などといった二つの問いを組み合わせた学習問題です。

こうした学習問題を設定するためには、やはりはじめの社会的事象との出合いが重要で、「どうすべきか」「何が大切か」などといったサブテーマがそこで醸成されます。具体的には、**「どのように型」の学習問題を設定した上で、「きみたちが考えたいのはこれだね」と言って、「単元を通して考え続ける問い」としてのサブテーマを学習問題の下に書く**という案配です。このような様式であれば、学習のまとめの段階で特色や意味を考える必然性が生まれます。

また教師が「それで十分か」「本当にそう言えるか」などと問い返すことで、新たな問いとしての「これからは？」「私たちは？」へと自然につなぐことができるようになります。「どうすべきか」「何が大切か」といった価値や意思を問う問いかけは、いったん子供がまとめた解にもダウトをかけやすく、多様な解が考えられるからです。

4 「どうすべきか→時間軸で調べる」の学習問題

「どうすべきか」と問う学習問題は未来志向であるがゆえに難しさを感じるかもしれません。しかし、第４学年の「自然災害から人々を守る」、第５学年の「公害から環境を守る」など、学習問題自体に「社会に見られる課題」が含まれる場合にはそう難しいものではないでしょう。

例えば単元のはじめに、過去の水害発生や被害状況に出合わせ、「私たちの県を水害から守るためには誰がどうすべきだろう」と設定します。そして、水害の歴史や昔の対処法、現在起こり得る水害の可能性やそれへの備えなどを調べ、自治体や地域の人々の防災対策のよさや改善点（どうすればさらによくなるか）を考えます（自治体等に提案する形も考えられます）。さらに自分たちはどうしていけばよいか（どんな協力ができるか、自分の安全を自分でどう守るか）を考える単元展開です。すなわち、「どうすべきだろう」と「考え続ける」イメージです。

公害の学習においても、「過去はどうしてきたか」→「今はどうしているか（よさと改善点は）」→「私たちはどうすべきか（協力、努力は）」といった同様の流れを想定することができます。時間軸を追って調べれば、単に空想や思い付きではなく、「過去や現在を知り未来を考える」という展開にすることができるでしょう。

資料２　社会科における「問いの深まり」の例

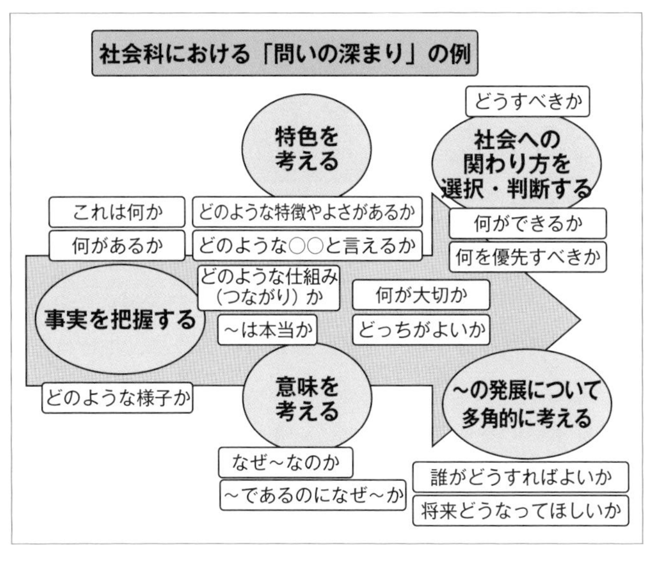

パフォーマンス型の学習問題も、はじめから定型化して捉えずに、設定する場面や方法を柔軟に考えると効果的だと思います。

資料２は、社会科の学習における「問いの深まり」（問いの質の高まり）をイメージしたものです。「深まり」と言っても、単元における順序性があるわけではありません。はじめに「どうすべきか」を問いかけてから事実を把握する展開も考えられます。いずれも大切なことは、**それぞれの問いの機能を踏まえて、どのような学習場面で何を考えさせるようにするかを工夫することだ**と思います。

【未来志向の社会科に向けた課題解決の糸口】
①学習問題づくりは、子供たちがこれから調べることを方向付け、学習の見通しをもち学習意欲を高める場面であると割り切る。
②問いの機能を踏まえた上で、ワンパターンの学習問題から脱却し、いろいろな型の学習問題の設定に挑戦する。

（澤井陽介）

2

大切なのは知識か思考力か
―「知識の構造」をどう捉えるか

課題意識

　社会科では、知識を獲得して身に付けることこそが大事なのか、それとも問題解決能力や思考力を養うことこそが大事なのかなどと不毛な議論が繰り返される面があります。結論から言うと、どちらも大切です。

　そこで本稿では、社会科において知識と思考力とをどのように捉えていけばよいのかについて考えていきます。

学習指導要領では、社会科の教科目標を次のように示しています。

　社会的な見方・考え方を働かせ、課題を追究したり解決したりする活動を通して、グローバル化する国際社会に主体的に生きる平和で民主的な国家及び社会の形成者に必要な公民としての資質・能力の基礎を次のとおり育成することを目指す。

(1)　地域や我が国の国土の地理的環境、現代社会の仕組みや働き、地域や我が国の歴史や伝統と文化を通して社会生活について理解するとともに、様々な資料や調査活動を通して情報を適切に調べまとめる技能を身に付けるようにする。

(2)　社会的事象の特色や相互の関連、意味を多角的に考えたり、社会に見られる課題を把握して、その解決に向けて社会への関わり方を選択・判断したりする力、考えたことや選択・判断したことを適切に表現する力を養う。

(3)　社会的事象について、よりよい社会を考え主体的に問題解決しようとする態度を養うとともに、多角的な思考や理解を通して、地域社会に対する誇りと愛情、地域社会の一員としての自覚、我が国の国土と歴史に対する愛情、我が国の将来を担う国民としての自覚、世界の国々の人々と共に生きていくことの大切さについての自覚などを養う。

この目標に目を通すだけでも、知識と思考力双方が大切だということが分かります。注目してほしいのは、「前文」が示されている点です。つまり、三つの目標は、見方・考え方を働かせた問題解決の活動を通じて、相互に結び付きながら養われることを求めているのです。

提案① 本時における「知識の構造」を把握する

単元の指導計画に、単元を通して学ぶ知識が構造図のように示されている資料をよく見ます。これは、社会科の場合、単元を通して「何を学ぶのか」という学習内容が分かりにくいという指摘を受けて研究されたものであり、教科書の指導書などにも採用され広がりを見せているものです。今後、新規採用教員が増え、社会科の指導の仕方が分からないと感じる若手教員が増えることも予想されるので、このような資料は指導の手助けになるものとして必要だろうと思います。

しかし、上記の趣旨をよく理解していないと、単元の指導計画を想定した「知識の構造」が毎時間の「答え」であるかのように錯覚し、学習のまとめとして教師がその文言をそのまま板書してしまうといったことも懸念されます。

実際の授業場面をみると、しっかり考えておくべきは、1［コマ］時間における「知識の構造」ではないかと感じます。

1 本時における「知識の構造」

「社会科の授業は教えること（固有名詞など）が多くてたいへんです」と若手の教師は声を挙げます。しかし、学習指導要領の「内容」にはそれほど多くの知識が示されているわけではありません。

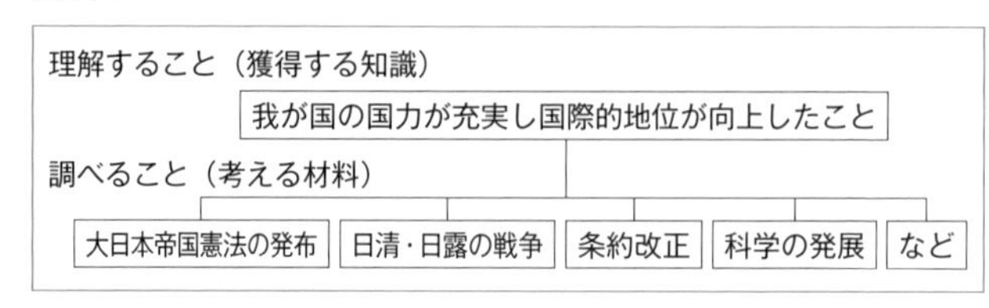
資料1

以下は、第6学年の内容(2)の知識に関わる記述です。

ア　次のような知識及び技能を身に付けること。

　コ）大日本帝国憲法の発布、日清・日露の戦争、条約改正、科学の発展などを手掛かりに、我が国の国力が充実し国際的地位が向上したことを理解すること。

この内容においては、「大日本帝国憲法の発布、日清・日露の戦争、条約改正、科学の発展など」の事実を調べ、それらを関連付けたり総合したりして、「我が国の国力が充実したこと」と「国際的地位が向上したこと」の２つを理解できればよいことになります。図にまとめると**資料1**のようになります。

このように考えれば、**資料1**の下段に示された知識は考えるための材料である情報「例えば」であり、それらを基に調べ、最終的に「つまり」として上段の知識を獲得すればよいという構造になっていることが分かると思います。

教科書に掲載されてる情報（事実、知識）は、ほとんどがこの「例えば」に当たる材料です。加えて、「など」とは、教科書会社の方針に応じて様々な情報（事実、知識）を掲載してもよいことになっていることを示すものです。ましてや教科書は、全国のどの学校でどんな先生が使っても授業できるよう「汎用性」を保障するために、知識が網羅的に並べられているといった面もあります。

このように考えれば、この「例えば」と「つまり」は、単元レベルではなく、もう少し細かなレベルである「本時レベル」で考えることが大切ではないでしょうか。そう考えれば、あれもこれも教師が教えるのではなく、あるいはすべての子供が共通理解しなければならないのでもなく、子供が選んだり軽重を付けたりして調べ、その情報（事実、知識）を根拠にして理解に迫っていけばよいと割り切ることができます。

“あれもこれを教えなくては”と考えてしまうのは、この構造が理解できていないときだろうと思います。本時のねらいを考える際、この「知識の構造」をまずしっかり考えてみるとよいでしょう。

2 板書を生かす

子供が発表したこと（調べたこと）を板書し、黒板には子供たちの「例えば」がたくさん書かれている状況にします。学習のまとめでは、それらを関連付けたり総合したりして「つまり」とまとめます。そのためには、子供が自分の力でまとめられるようにする必要があります。子供が黒板に並んだ材料を相互に関連付けたり総合したりして考え、それらを根拠にして知識を獲得する場面だからです。

このように、**1［コマ］時間ごとの授業でこそ、「知識の構造」を「例えば」と「つまり」の関係として頭の中で描いてみることが大切**なのです。

提案② 「Q→A」の構造で教材研究し、「問いストーリー」を考える

上記で説明したように、「思考を働かせること」と「知識を獲得すること」は相即不離の関係と言ってもよいものです。にもかかわらず、学習評価において観点が分けられているのは、「手続き」として分析的に捉えられるようにするためです。すなわち、どちらともしっかりと評価して育成を図りたい大事な学力だからこそ曖昧にしないようにしているわけです。

1 「Q→A」で考える

知識と思考力を考える場合には、「Q＆A」のように問いとそれに対

する解（知識）の関係を意識しておくとよいでしょう。

資料２は、教材研究について説明するものです。①の「入口の研究」とは、前述のように学習指導要領と教科書の関連を見極めて「知識の構造」を描くものとして位置付けています。それに対して②の「出口の研究」とは、教科書などを参考にしながら「問い」を考え、その問いにより結果として子供にどのような思考や理解を促すかを研究するものとして位置付けています。

資料２　教材研究の入り口と出口

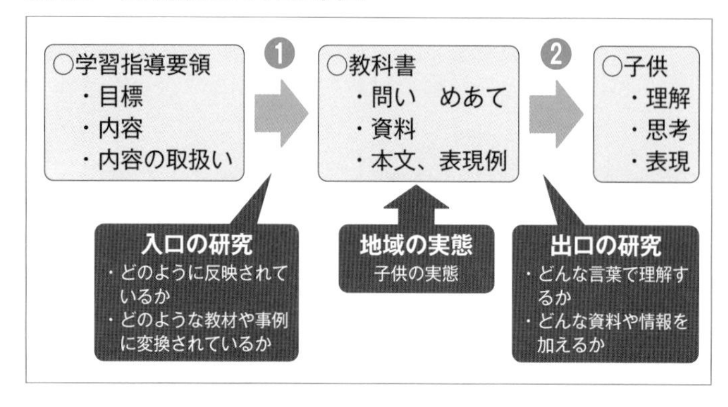

実はこの**「問いの研究」は、授業改善の視点として求められている「主体的・対話的で深い学び」においても「見方・考え方」においても大切なものであり、これからの授業づくりの鍵になると言っても過言ではない**と私は考えています。なぜなら、子供の側に立って「学び」を考えるために欠かせないことだからです。

このように**「Q（問い・課題）→A（解・知識）」という構造で教材を研究すれば、自ずと知識と思考力はセットで意識できる**ようになります。

2 単元の「問いストーリー」を考える

単元の指導計画における問いについては、構造を考えるよりも展開を考えることのほうが授業づくりにつながります。私はこれを「問いストーリー」と名付けています。例えば、**資料３**のイメージです。

これは、第４学年の単元「水はどこから」における単元の「問いストーリー」を考えてみたものです。社会科の単元では、子供にとって身近な内容からはじまり、社会の様子や仕組みを学んで、その特色や意味を考えて理解することや、理解したことを基にして「これからは～」などと未来志向で実社会について考えるといった展開例が多くみられます。

資料3

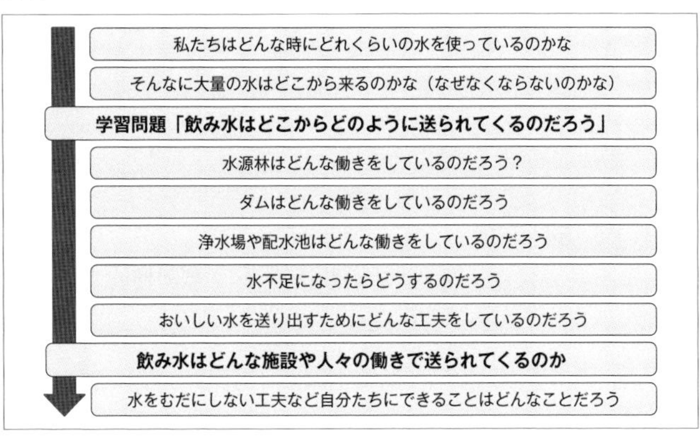

資料4

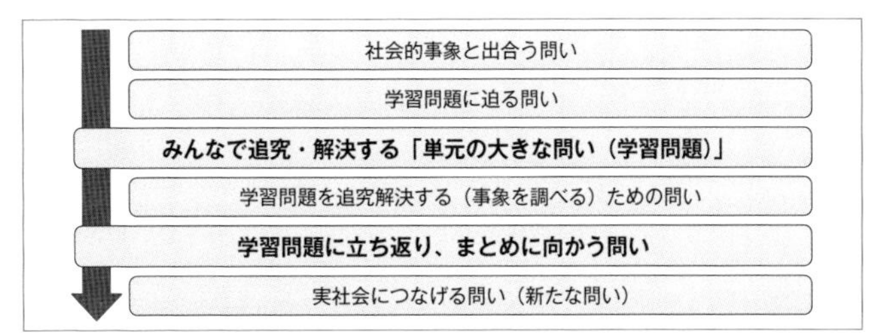

こうした典型的な授業展開例を、「問いを設定する目的（問いの機能）」に着目して整理したものが、**資料4**です。

単元の「知識の構造」を考える上では、このように単元の「問いストーリー」を考えてから、それぞれの問いを追究した結果として獲得する知識を考えてみることが大切です。場合によっては、「A（まとめ・答え）→Q（問い・課題）」と逆向きに考えたほうがはっきりと問いが見えてくることもあります。

【未来志向の社会科に向けた課題解決の糸口】

①本時における「知識の構造」を把握する。

②そのためには「Q→A」の構造で教材研究し、単元については「問いストーリー」を考える。

（澤井陽介）

3

社会科はどのような学びへと進む可能性があるか

課題意識

中央教育審議会答申「『令和の日本型学校教育』の構築を目指して」（令和３年）や「次期教育振興基本計画について」（令和５年）、OECD「OECD Future of Education and Skills 2030 project」（中間まとめ）、内閣府・総合科学技術・イノベーション会議「Society 5.0の実現に向けた教育・人材育成に関する政策パッケージ」（令和４年）など、新たな学習スタイルへの提言がなされています。それらに正対し、社会科はどのような方向に向かえば、あるいはどのように変化のステップを刻んでいけばよいのでしょうか。

学校の教育現場には一人一台端末が配付され、ICTの活用が急速に進む中で、学習の自己調整、メタ認知、個別最適な学びと協働的な学び、ウェルビーイング、生徒エージェンシーなど、新しいキーワードが席巻している感があります。多少乱暴ではありますが、それらを盛り込んで単元を構想してみたのが**資料１**です。

もちろん、各要素が小刻みに繰り返されることや、複雑に絡み合うこと、単元自体が柔軟かつ連続性をもって展開されることなど、なかなか一つのイメージ図で表現しきれない面もありますが、社会科の授業を考えていくにあたって、何もないところから議論をはじめることはできません。そこで、考えるための材料として整理してみました。

中央教育審議会報告「児童生徒の学習評価の在り方について」（平成31年）は、学習評価の観点「主体的に学習に取り組む態度」の説明の中で、次のように論じています。

資料1　これからの授業に求められるキーワード（単元イメージ）

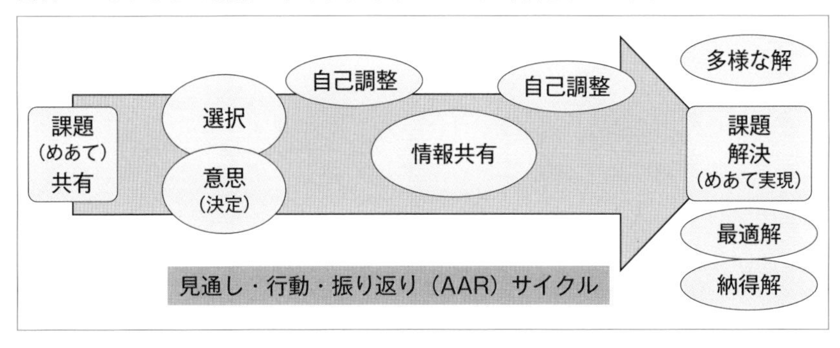

「主体的に学習に取り組む態度」については、（中略）「子供たちが自ら学習の目標を持ち、進め方を見直しながら学習を進め、その過程を評価して新たな学習につなげるといった、学習に関する自己調整を行いながら、粘り強く知識・技能を獲得したり思考・判断・表現しようとしたりしているかどうかという、意思的な側面を捉えて評価することが求められる」　（下線は筆者）

資料2

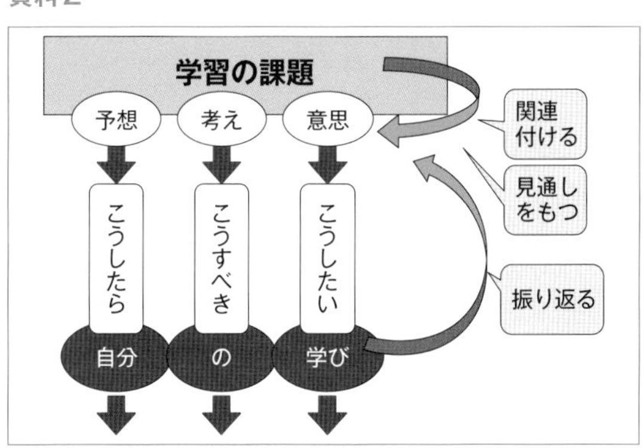

上記の下線部を各教科等の学習を想定して図に表すと**資料2**のようになります。つまり単元の学習問題（学習課題）、あるいは本時の学習課題（めあて）に対して自ら学習の目標（予想、考え、意思）をもち、「こうしたらいいのでは」「こうすべきでは」「こうしていきたい」などと進め方を考えたり見直したりしながら自分の学びを進め、その過程を評価して（振り返って）新たな学習につなげる（また前を向く）展開です。

『「指導と評価の一体化」のための学習評価に関する参考資料』（令和2

年、国立教育政策研究所）にも「自らの学習状況を把握し、学習の進め方について試行錯誤するなど自らの学習を調整しながら、学ぼうとしているかどうかという意思的な側面」という説明があります（下線は筆者）。

総合的な学習の時間の学習では、一定の時間サイクルでこうした学びの展開を繰り返すことができそうですし、図工・美術、体育の器械運動の学習では、一人一人の活動として上記のスタイルを貫くことができそうです。音楽でも合奏などの学習でグループでの学びサイクルとして描けそうです。

それに対して、社会科はどうでしょうか。

提案① 現行の学習指導要領や学習評価の観点の趣旨を踏まえつつ、これからの教育に必要な要素を位置付ける工夫をする

国立教育政策研究所「『指導と評価の一体化』のための学習評価に関する参考資料　小学校社会科」（令和２年３月）においては、観点別学習状況評価の観点「主体的に学習に取り組む態度」の評価規準の作成について、以下のように説明しています。

①社会的事象について、予想や学習計画を立て、学習を振り返ったり見直したりして、学習問題を追究・解決しようとしているか
②よりよい社会を考え学習したことを社会生活に生かそうとしているか
という学習状況を捉えるよう評価規準を作成する。　（下線は筆者）

この説明と「選択・判断する力」などが盛り込まれた学習指導要領（平成29年）の趣旨を踏まえて、前頁の**資料１**「これからの授業に求められるキーワード（単元イメージ）」を社会科の単元の学習展開（「つかむ・しらべる・まとめる」）に当てはめてみると、**資料３**のように各要素が位置付くのではないでしょうか。

このように、現行の学習指導要領や学習評価の観点「主体的に学習に

資料3

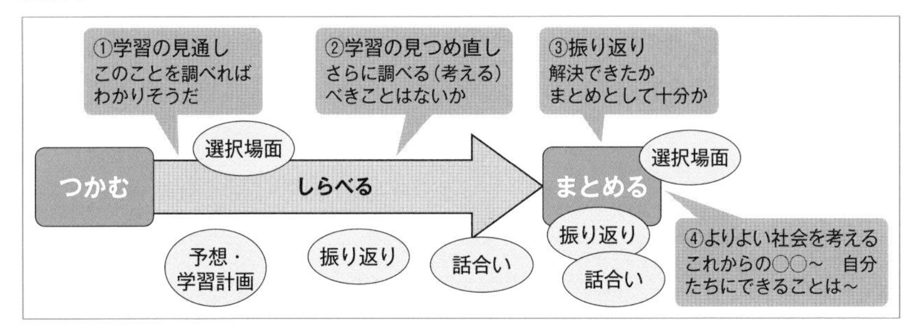

取り組む態度」の趣旨を踏まえつつ、自ら学習を調整する子供の姿は十分に実現できると考えられます。例えば、次の場面です。

1 学習の見通しをもつ場面

まず考えられるのが「つかむ」段階で学習問題を設定する前後の「学習の見通し」をもつ場面です。予想や学習計画を考える活動を設定します。「こだわる疑問点は何か」「どう予想するか」「何を調べたら分かりそうか」などについて書かせたり発言させたりします。ここでは29頁掲載の**資料2**のように子供一人一人が学習問題との関連性を意識して、自分の予想や調べる事柄、資料などを選択して、学習の見通しをもてるようにします。

2 学習（状況）を見つめ直す場面

次に考えられるのが「しらべる」段階で、子供が「自分たちの疑問や予想の追究状況を見つめ直す」場面です。学習問題やはじめの予想、学習計画に立ち返って、調べたこと・分かったことや調べていないこと・分かっていないことなどを見つめ直します。単元の中盤や後半など場面を決めて行うのが現実的です。

教師は「はじめの疑問は解決できたか」「予想は確かめられたか」「まだ調べるべきことはないか」「ほかに必要な資料はないか」などと問いかけ、「振り返って、また前を向く」活動とし、「この先の学習の進め方」を考えるようにします。また、子供たちがそれぞれに予想や調べる事柄、調べるための資料などを選択しているので、「共有」する場面も設けます。そうすることで、報告し合ったり話し合ったりする活動の必然性が高まります。

3 単元末の「振り返り」の場面

（毎時の授業の最後に行う振り返りではなく）単元の終末に行う振り返りの場面です。単元の「学習のまとめ」の後に行うとよいでしょう。

「学習問題について十分に考えをつくることができたか」「まだみんなで話し合うべきことはないか」など、学級全体の問題解決の状況を振り返ります。この振り返りが次の学習活動としての「よりよい社会を考える」活動に自然につながることも想定できます。

また、「この単元を学習して自分が学べたことは何か」「学んでよかったと思うことは何か」「自分の学び方はどうだったか」などと、学習方法や学習内容の意義を自覚し、社会科を学ぶよさやこれからの学習の仕方に目を向けるようにすることも考えられます。

4 よりよい社会を考える場面

単元を通して学習したことを踏まえて「これから」を考える「未来志向」の場面です。

単元の終末に教師が社会に見られる課題を提示して、「これからの○○は～」「私（自分）たちに協力できることは～」などと新たな問いを設定する形が多いようですが、子供たちの意見や考えは多様で唯一の正解がないことが多く、いわゆるオープンエンドとして学習を終えます。この場面でも子供たちの選択や意思決定が行われます。

また、ICTを活用して「４象限マトリクス」など意見や考えの分類方法を工夫すれば、互いの意見や考えを共有する場面ともなり、自分の考えを相対化して捉え直す学び、いわゆる学習の自己調整が行われる可能性があります（資料４～６）。

資料４

学習指導要領2017「内容の取扱い」

～など、自分たちにできることなどを考えたり選択・判断したりできるよう配慮すること。

～の立場などから多角的に考えて、これからの○○の発展について、自分の考えをまとめることができるよう配慮すること。

資料５　小学校社会科における選択・判断の際に考えられる４象限マトリクス例

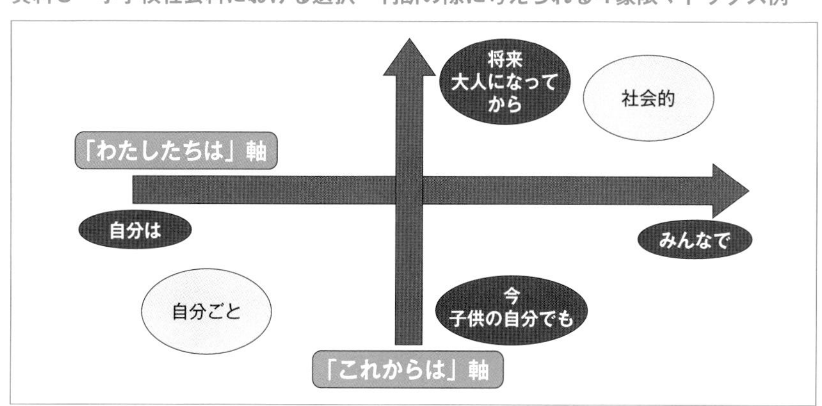

資料６　小学校社会科において「～などの発展について多角的に考える」際に考えられる４象限マトリクス例

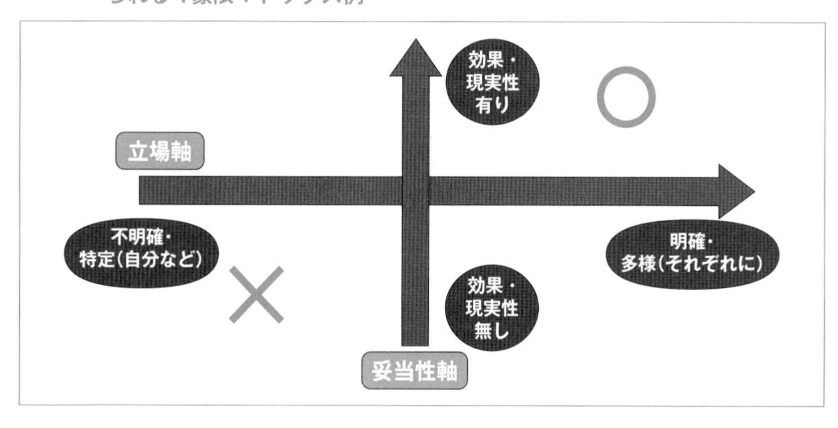

提案② 大胆に「ウェルビーイングを目指す社会科」をイメージする

中央教育審議会答申「次期教育振興基本計画について」(令和５年３月)では、「日本社会に根差したウェルビーイングの向上」を掲げ、次のように説明しています。

> 日本の社会・文化的背景を踏まえ、我が国においては、自己肯定感や自己実現などの獲得的な要素と、人とのつながりや利他性、社会貢献意識などの協調的な要素を調和的・一体的に育み、日本社会に根差した「調和と協調」に基づくウェルビーイングを教育を通じて向上させていくことが求められる。

資料７

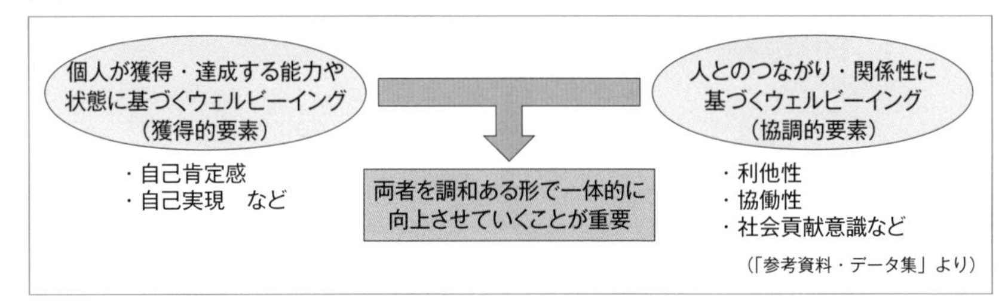

この「獲得的な要素」を「子供の問題解決の学び方の充実」と捉え、「協調的な要素」を「『よりよい社会、持続可能な社会』を目指す内容の充実」と捉えれば、ウェルビーイングの実現の一翼を担う社会科がイメージできるのではないでしょうか。

1 子供の問題解決の学び方の充実

社会科の授業が本当に子供一人一人の問題解決を実現し自己肯定感や自己実現を促しているかと問われれば、自信をもってYESとは答えきれないのではないでしょうか。学級のみんなで一緒に調べて考え、まとめる社会科では、問題解決が形骸化しがちで、一人一人の子供が自分の問

資料８　小学校社会科の「問いの具体化」

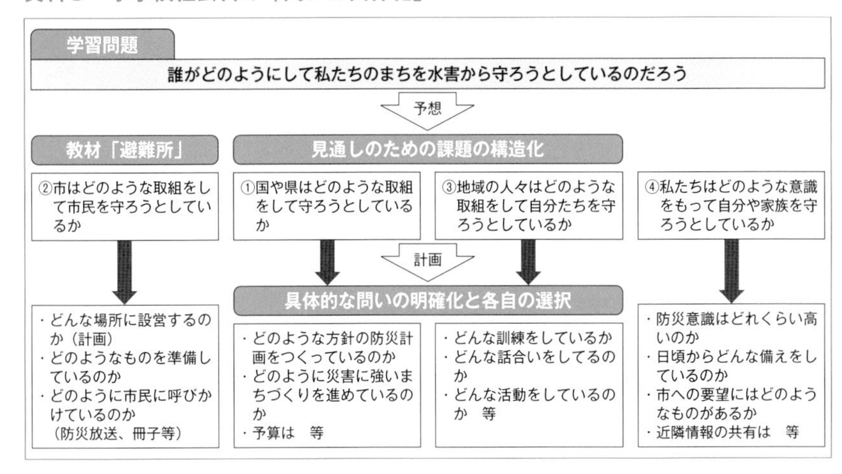

いを本気で追究する姿の実現はなかなか難しいと感じている先生が多いと思います。だからといって、奇をてらった問題を提示して目標やゴールを見失うような方法がよいわけではなく、やはり社会的事象の特色や意味を共通理解する方向付けが欠かせません。

(1)　導入段階での「問題解決の構想」の意識化

現状の社会科からひとっ飛びではなく、ステップを刻んで「一人一人の子供が自分の問いを本気で追究する姿」を目指すとすれば、まずは単元の学習問題と一人一人の疑問や予想をしっかりと結び付け、それを子供自身に自覚させることではないかと思います。すなわち「一人一人の問いによって構成される学級全体の学習問題」という形の実現です。

難しいと感じるかもしれませんが、例えば、**資料８**のように、学習問題の構造（何を調べることによって何を明らかにするのか）を子供と一緒に考えてみるのも、その方法の一つかもしれません。

例えば国語の教科書には、教材の後に「手引き」として、考える視点や考え方、まとめ方などが示されています。理科でも各自で仮説を立ててからそれぞれの実現方法を組み立てる学び方が見られます。このように他教科等の学習の仕方を視野に入れれば、（３年生でいきなりというのは確かに難しいかもしれませんが）４年生の中頃くらいになれば、問題を構造的に捉えることができるのではないかと感じます。

前頁の**資料８**の例は、第４学年の内容「自然災害からくらしを守る」の単元の導入を想定したものです。これまでの多くの実践では学習問題に対する予想を立て、予想を確かめるべく順番に調べていく形がとられます。

そのため学習問題への子供たちの意識は、毎時の学習課題のみに向きがちで、単元の学習が進むにつれて薄れていくという課題が指摘されます。そうではなく、**資料８**においては、（例えば、「避難所」という教材を基にして）学習問題に対する予想を丁寧に話し合う活動を通して、学習問題とそれを構成する具体的な問い①～④を子供に図で示し、①～④を通して学習問題を追究するという意識を共有します。その上で、①～④の中から自分が調べたいものや疑問をもつものを選び、同じ問いを選んだ者同士で話し合いながら各自の問いを明らかにしてから調べはじめるという展開を想定しています。

これまで、子供一人一人の疑問を生かして学習問題をつくるものの、学級全体で解決を図る学習問題が設定された途端に、子供一人一人の問いが消えてしまうということが多かったように思います。そうした実践との違いは、学習問題から関連付けていって自分の問いを明確にするという順序です。単元の導入を丁寧に行うことにより、自分の問いの追究がみんなの問い①～④の追究につながり、それが学習問題の追究、解決に結び付くという構造を子供にしっかりと意識付ける方法です。

子供たちの多様性が指摘されることの多い現状において、これからの社会科でも、子供が自分のこだわりで問いをもち、それを自分の意思で調べる活動を工夫することが求められます。

また、未来志向の「私たちは～？」「これからは～？」という問いも、単元の終末に唐突に教師が示すくらいなら、はじめから問題解決の構想に含めて示しておいたほうがよいと考えることもできます。

資料9 「認識すべき教室の中にある多様性・子供目線の重要性（小学校のイメージ：一例）」

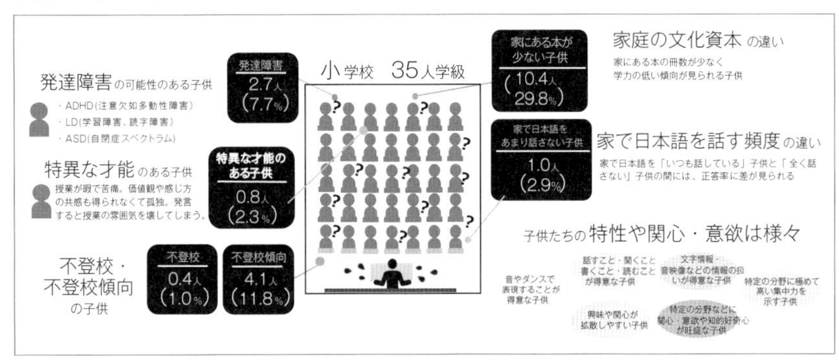

※内閣府・総合科学技術・イノベーション会議「Society 5.0の実現に向けた教育・人材育成に関する政策パッケージ」の資料の一部を簡略化して作成

(2) まとめ段階での教師による意味付け

各自追究した事項、グループで追究した事項については、一人一人の子供の学習速度や情報量、出来映えなどが異なるため、教師には個に応じた指導や対応が求められるとともに、単なる「子供同士の発表会」で終わってしまうという指摘があります。そこで、子供が調べたことを発表したり自分たちの学習成果をまとめたりする場面では、子供の自己実現を促し自己肯定感を高める教師の関わりが必要です。

例えば、単元の導入時の問題解決の構想に子供たち一人一人の学びを位置付けて模造紙などで残しておいたり、子供たちの発表内容を教材として活用し、それらを問題解決に位置付けて意味付けながら教師が授業の続きを行ったりする方法などが考えられます。

2 「よりよい社会、持続可能な社会」を目指す内容の充実

学習指導要領の前文に、次の記述があります。

> これからの学校には、（中略）あらゆる他者を価値ある存在として尊重し、多様な人々と協働しながら様々な社会的変化を乗り越え、豊かな人生を切り拓き、持続可能な社会の創り手となることができ

るようにすることが求められる。

これはまさに、教科の目標に「よりよい社会を考え」という文言がある社会科の学習が目指す方向と軌を一にしています。

この内容の具体については、第２章の「『見方・考え方』の第２ステージはどのようなものか」の項で詳しく述べます。

【未来志向の社会科に向けた課題解決の糸口】
①現行の学習指導要領や学習評価の観点の趣旨を踏まえつつ、これからの教育に必要な要素を位置付ける工夫をする。
②大胆に「ウェルビーイングを目指す社会科」をイメージする。

（澤井陽介）

【第１章：参考・引用文献】
・文部科学省「小学校学習指導要領解説　総則編」平成29年７月
・文部科学省「小学校学習指導要領解説　社会編」平成29年７月
・国立教育政策研究所「『指導と評価の一体化』のための学習評価に関する参考資料」令和２年３月
・澤井陽介『「本当に知りたい」社会科授業づくりのコツ』明治図書出版、令和４年11月
・澤井陽介『できる評価・続けられる評価』東洋館出版社、令和４年９月
・中央教育審議会答申「『令和の日本型学校教育』の構築を目指して～全ての子供たちの可能性を引き出す、個別最適な学びと、協働的な学びの実現～」令和３年１月
・中央教育審議会答申「次期教育振興基本計画について」令和５年３月
・OECD Future of Education and Skills 2030. Conceptual learning framework. Concept note: Student Agency for 2030.
・OECD Future of Education and Skills 2030. Conceptual learning framework. Concept note: LEARNING COMPASS 2030.
・総合科学技術・イノベーション会議「Society 5.0の実現に向けた教育・人材育成に関する政策パッケージ」令和４年６月

第2章

「見方・考え方」は
どのように
生かせばよいのか

1

「見方・考え方」をどう捉えればよいのか

課題意識

現行の学習指導要領から目標に示され、教科の特質を踏まえた深い学びの鍵になると言われている「見方・考え方」ですが、授業づくりの際、あまり意識されず学校の教育現場に浸透していないように感じます。分かりにくいこと、意識しなくても授業ができてしまうこと、社会科としては当たり前であると感じることなどがその要因として考えられます。

そこで、本稿では、「見方・考え方」をどのように捉えればよいのかについてあらためて考えてみたいと思います。

「見方・考え方」については、中央教育審議会答申（平成28年）において、「各教科等の特質に応じた物事を捉える視点や考え方」であり、「学びの深まりの鍵になる」ことが示されました。あらためてこのことを踏まえつつ、「社会的事象の見方・考え方」の捉え方を提案します。

提案① 社会科らしい授業を成立させるために教師が意識すべきことと捉え、「社会科としてのクレジットを付ける」と考える

1 他教科等との違いを明確にする

「社会的事象の見方・考え方」は、「社会的事象を、位置や空間的な広がり、時期や時間の経過、事象や人々の相互関係に着目して捉え、比較・分類したり、総合したり、地域の人々や国民生活と関連付けること」と規定されています。

この説明の前半部分は地理、歴史や公民の要素を含む社会科として当

然のこととして読める気がします。また後半部分については、一般的な思考方法として、どの教科でも使う頭の働きのようにも読めます。そのため、「あまり意識しなくても授業ができてしまう」というのも無理からぬことでしょう。

しかし、小学校社会科は「総合社会科」などと言われるように、地理的、歴史的、公民的な内容が相互に結び付いた社会生活を学ぶ教科として、「内容」が構成されています。そのため、同じように社会生活について学ぶ生活科や総合的な学習の時間との区別が分かりにくい面があります。

また、社会科では教材として「実社会で活動する人々の様子」を取り上げることが多いため、授業に人間が登場します。ここでも国語や道徳との区別が必要になります。

国語は「登場人物の台詞、会話」「説明の言い回し」など「言葉」に着目します。道徳は取り上げる人間の「生き方、考え方」に着目します。それに対して社会科は、「工夫や努力」「働き」「協力関係」などに着目します。そのため、**社会科では時間的な視点（例：長い間〜してきた）、空間的な視点（例：地域全体に影響を与えた）、相互関係の視点（例：様々な立場の人と協力した）を必要とします**。さらに、地域の人々の生活と関連付けることにより、社会的事象の意味（人々の生活の向上、産業が果たす役割）に迫ります。

このようにして、社会科としての視野を広げて思考することで深い学びにつながるわけです。

2 社会科としてのクレジットを付ける

このように社会的事象の見方・考え方には、社会科でこそ学ぶべきことに焦点を絞って学ぶことができるよう誘導する働きがあると言えます。このことから、**見方・考え方を意識して授業を行うことで他教科等との違いを明確にした社会科らしい授業を成立させることができる**わけです。

しかし実際に社会科の授業を構想する際には、見方・考え方ばかりを

資料1　社会科としてのクレジットを付けるイメージ

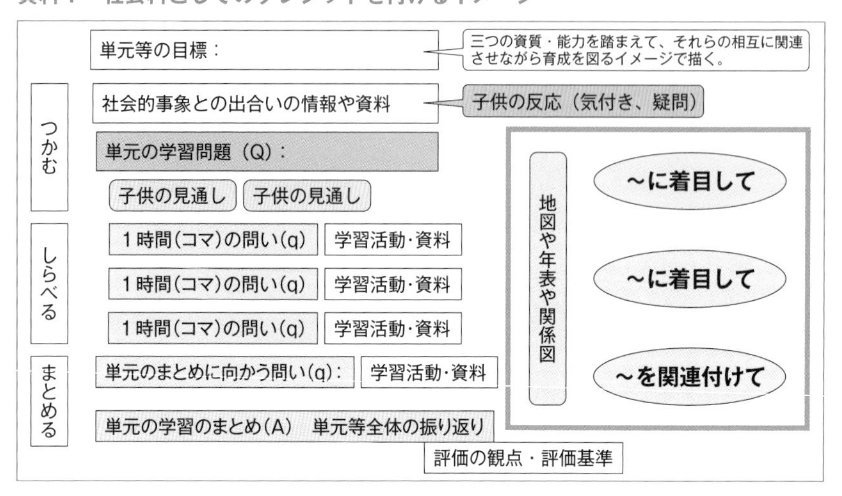

中心に考えるのではなく、**資料1**のように、まずは学習指導要領の「内容」や、解説書に書かれている「～に着目して」「～を関連付けて（考え）」といった記述に着目し、それらが位置付くよう単元構成をしたり、地図や年表、関係図などを活用する場面はないかと、時間的な視点、空間的な視点、相互関係的な視点を意識したりすることで、単元の指導計画に「社会科としてのクレジット（信頼マーク）を付ける」と捉えればよいでしょう。そう考えれば、「問いや板書、学習活動などが社会科らしい深い学びにつながる」と自ずと思えるようになるでしょう。

提案②　「見方・考え方」は働かせることで、それ自体が「思考力や知識と結び付いて鍛えられていく」ものだと捉える

見方・考え方の捉え方の難解さは、資質・能力との関係にあると考えられます。中央教育審議会答申（平成28年）では、次のように説明しています。

「見方・考え方」を支えているのは、各教科等の学習において身に

付けた資質・能力の三つの柱である。各教科等で身に付けた知識・技能を活用したり、思考力・判断力・表現力等や学びに向かう力・人間性等を発揮させたりして、学習の対象となる物事を捉え思考することにより、各教科等の特質に応じた物事を捉える視点や考え方も、豊かで確かなものになっていく。物事を理解するために考えたり、具体的な課題について探究したりするに当たって、思考や探究に必要な道具や手段として資質・能力の三つの柱が活用・発揮され、その過程で鍛えられていくのが「見方・考え方」であるといえよう。

端的に言えば、「見方・考え方」も「鍛えられていくものだ」という捉え方です。しかし現実には、授業で「位置や空間的な広がり、時期や時間の経過、事象や人々の相互関係に着目して捉える」「比較・分類したり、総合したり、地域の人々や国民生活と関連付ける」ことを教師が意識していても、子供が「見方・考え方」を「本当に働かせたのか」「どのように鍛えられたのか」を確認できるものではありません。これが見方・考え方への先生方の意識を低くしてしまっている要因ではないでしょうか。

1 資質・能力と見方・考え方の関連性

見方・考え方については、先の中央教育審議会答申（平成28年）において、さらに次のような説明があります。

- 各教科等で身に付けた知識・技能を活用したり、思考力、判断力、表現力等や学びに向かう力・人間性等を発揮させたりして、学習の対象となる物事を捉え思考することにより、各教科等の特質に応じた物事を捉える視点や考え方も、豊かで確かなものになっていく。
- 物事を理解するために考えたり、具体的な課題について探究したりするに当たって、思考や探究に必要な道具や手段として資質・能力の三つの柱が活用・発揮され、その過程で鍛えられていくのが「見方・考え方」であるといえよう。

・各学問分野には、固有の知的訓練を通じて獲得されるが汎用的な有用性を持つ力（ジェネリックスキル）があり、「見方・考え方」と共通の方向性である。（＊下線は筆者）

資料２　資質・能力と見方・考え方の関連性

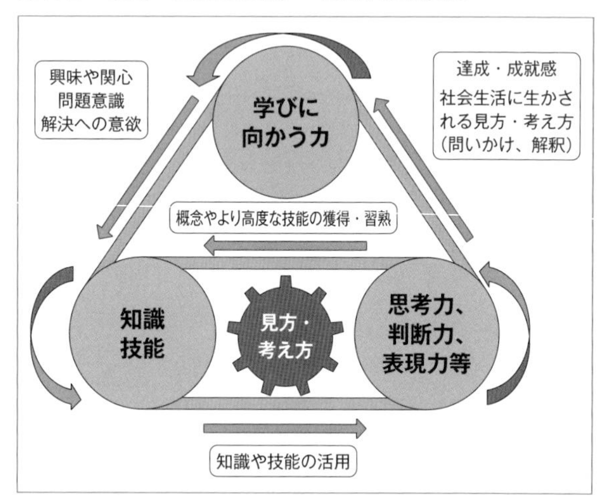

これらを踏まえ、私は**資料２**を使って、三つの資質・能力と見方・考え方の相互関係を説明しています。「資質・能力ではないから評価対象にはならない」という原則的な説明です。

しかし、それだけでは、見方・考え方も資質・能力の育成に伴って「豊かで確かなものになって（鍛えられて）いる」という先の説明には不十分です。どのように説明すればよいでしょうか。そのことの答えのヒントが、**資料３**にあります。

2　活用する視点（概念）が鍛えられていく

この**資料３**は、中央教育審議会社会科、地理・歴史科、公民科のワーキング・グループで作成されたものです。子供が見方・考え方を働かせる頭の働きを「視点→思考力、判断力との関連→問い→獲得する知識」という流れで示しています。

あらためて着目すると、**資料３**の左側の「考えられる視点例」は「活用する概念」の例であり、**資料４**の右側の「考察、構想した結果、獲得する知識の例」は「獲得する概念」の例であると捉えることができます。その獲得する概念を並べてみると、次の下線部分のようになります。

資料3

	考えられる視点例	社会、地理歴史、公民における思考力、判断力
小学校社会	○位置や空間的な広がりの視点 地理的位置、分布、地形、環境、気候、範囲、地域、構成、自然条件、社会的条件、土地利用　など ○時期や時間の経過の視点 時代、起源、由来、背景、変化、発展、継承、維持、向上、計画、持続可能性　など ○事象や人々の相互関係の視点 工夫、努力、願い、業績、働き、つながり、関わり、仕組み、協力、連携、対策・事業、役割、影響、多様性と共生（共に生きる）　など	◎社会的事象の見方・考え方 ・位置や空間的な広がり ・時期や時間の経過 ・事象や人々の相互関係 に着目して社会的事象を見いだし ・比較・分類したり配合したりして ・国民（人々の）生活と関連付けて 追究の方法 考察　社会的事象の特色や相互の関連、意味を多角的に考察する力 構想　社会に見られる課題について、社会への関わり方を選択・判断する力

資料4

視点を生かした、考察や構想に向かう「問い」の例	考察、構想した結果、獲得する知識の例
・どのように広がっているのだろう ・なぜこの場所に集まっているのだろう ・地域ごとの気候はどのような自然条件によって異なるのだろう ・いつどんな理由で始まったのだろう ・どのように変わってきたのだろう ・なぜ変わらずに続いているのだろう ・どのような工夫や努力があるのだろう ・どのようなつながりがあるのだろう ・なぜ〇〇と〇〇の協力が必要なのだろう	・いくつかの組立工場を中心に部品工場が集まり、工業が盛んな地域を形成している ・駅の周囲は交通の結節点なので人が多いため商業施設が集まっている ・国土の地理的位置や地形、台風などの自然条件によって気候は異なる ・祭りは地域の豊作や人々のまとまりへの願いから始まった ・農作業は機械化により生産効率を向上させてきた ・伝統芸能は技や道具が継承されるとともに、多くの人々に受け入れられて今に至っている ・地域の安全は、関係機関の未然防止と緊急対処によって守られている ・食料生産は私たちの食生活を支える役割を果たしている ・政治には国民生活の安定と向上を図る働きがある
・どのように続けていくことがよいのだろう ・共に生きていく上で何が大切なのだろう	・伝統と文化は受け継ぐだけでなく時代に合わせ発展させていく必要がある ・世界の人々と共に生きるには、文化や考え方の違いを認め合い、課題を解決しながら理解し合っていくことが大切である

・いくつかの組立工場を中心に部品工場が集まり、工業が盛んな地域を形成している。
・駅の周囲は交通の結節点なので人が多いため商業施設が集まっている。
・国土の地理的位置や地形、台風などの自然条件によって気候は異なる。
・祭りは地域の豊作や人々のまとまりへの願いから始まった。
・農作業は機械化により生産効率を向上させてきた。
・伝統芸能は技や道具が継承されるとともに、多くの人々に受け入れられて今に至っている。
・地域の安全は、関係機関の未然防止と緊急対処によって守られている。

・食料生産は私たちの食生活を支える役割を果たしている。

・政治には国民生活の安定と向上を図る働きがある。　（下線は筆者）

これらは必然性のある文脈に位置付けられた確かな概念、今後の学習や生活で活用できる概念、すなわち見方・考え方を働かせた学習を通して「豊かで確かなものになった（鍛えられた）」視点（活用する概念）であると考えられます。

このように見方・考え方を働かせて学ぶことにより、**子供たちは社会科で獲得すべき知識（概念）を得て、それが新たな、より鍛えられた視点（活用する概念）として成長する**と考えればよいのではないでしょうか。

提案③ 見方・考え方を働かせる学習を通して、子供が主体的・探究的に学ぶための視点を身に付けると捉える

この考え方を突き詰めていくことが、（次項で取り上げる）「見方・考え方」の第２ステージに向かうことになるのではないかと考えます。

これからの教育全体の方向として、子供が学習を自己調整しながら個別最適な学びを実現しつつ主体的に学んでいくこと、教科等を横断して創造性を発揮しながら探究的に学ぶ力を付けることなどが示されています。その際に、鍛えられた見方・考え方により身に付けた**「文脈に位置付けられた豊かで確かな概念」「今後の学習や生活で活用できる汎用的な有用性をもつ概念」こそが、「生きて働く知識」（「教養」という文言も使われます）になる**のではないでしょうか。

【未来志向の社会科に向けた課題解決の糸口】

①社会的事象の見方・考え方は、社会科らしい授業のクレジットとして単元計画等に位置付ける。

②活用する視点は、学習を通して「豊かで確かな活用概念」「汎用的な有用性をもつ知識（教養）」へと成長することを意識する。

（澤井 陽介）

2
「見方・考え方」の第2ステージはどのようなものか

課題意識

「これからの教育の方向」が中央教育審議会等で議論される中でも、「見方・考え方」についてはあまり話題にのぼっていないようです。教科等ごとの特質に関わる事項なので当然かもしれませんが、「学び方」論ばかり取り沙汰されると、教科等の特質に応じた授業の具体が曖昧になるのではないかと懸念されます。

そこで本稿では、「見方・考え方」はこれからどのように発展していけばよいのか、その可能性について考えてみます。

話題にのぼらないとは言っても、例えば中央教育審議会答申「『令和の日本型学校教育』の構築を目指して～全ての子供たちの可能性を引き出す、個別最適な学びと、協働的な学びの実現～」（令和３年１月）において、次のような記述がみられます。

○次代を切り拓く子供たちに求められる資質・能力としては、文章の意味を正確に理解する読解力、教科等固有の見方・考え方を働かせて自分の頭で考えて表現する力、対話や協働を通じて知識やアイディアを共有し新しい解や納得解を生み出す力などが挙げられた。

○小学校中・高学年以上の指導においては、各教科等の内容を、徐々にその中核的な概念を使って指導することにより、見方・考え方が鍛えられていくことを踏まえることが重要である。

（下線は筆者）

とりわけ、下線部分に着目して考えてみます。

提案① 見方・考え方を働かせて学ぶことにより、子供は社会科らしい概念を獲得・活用することを意識して指導する

前項でも述べたとおり、見方・考え方において「考えられる（追究の）視点」として説明されたものは「活用する概念」（以後、「活用概念」という）だと言うことができます。また、それらの活用概念を問いに入れ込んで追究した結果、「獲得する知識（概念）」（以後、「獲得概念」という）だと言うこともできます。

1 活用概念を精査する

一方で、活用概念は実際には、**資料1**の視点例に示されている文言をそのまま入れ込む場合の例（「どのように分布しているのか」「どのように変化してきたのか」など）もあれば、言い換えて入れ込む場合の例（「どこに集まっているか」「どのように変わってきたのか」など）も考えられます。また、**資料1**の視点例は、そもそも学習指導要領の内容における文言や実際に教材化の視点として挙げられることが多い例を列記したものであり、精査して抽出されたものでもありません。

この精査を進めることが、見方・考え方を第2ステージへ進める糸口になるのではないかと考えます。特に社会科を学ぶ上での「中核的な概念」を見いだし、それらを子供が活用して学べるようにす

資料1

	考えられる視点例
小学校社会	○位置や空間的な広がりの視点 地理的位置、分布、地形、環境、気候、範囲、地域、構成、自然条件、社会的条件、土地利用　など ○時期や時間の経過の視点 時代、起源、由来、背景、変化、発展、継承、維持、向上、計画、持続可能性　など ○事象や人々の相互関係の視点 工夫、努力、願い、業績、働き、つながり、関わり、仕組み、協力、連携、対策・事業、役割、影響、多様性と共生（共に生きる）　など

ることです。文字どおり「子供自身が見方・考え方を働かせて学ぶ」授業づくりです。

「OECD Learning Framework 2030（2030年に向けた学習枠組み）」に関するワーキング・グループでは、「概念、コンテンツ、トピックのデザイン」について次のようにまとめています。

- 焦点化：（中略）鍵となる概念の理解を強化するため、単元・領域同士が重なることも考えうる。
- 一貫性：単元・領域は、発達段階や年齢を通して、基礎的なものからより高度な概念へ進歩していけるようにするため、各学問分野の原理を反映した形で順序付けられるべきである。（下線は筆者）

それに対して、社会科の現状はどうでしょうか。

2 素朴概念から中核概念へ

例えば、第３学年で「工夫」という概念を活用して、相互関係の視点で追究すると、「消費者の多様な願いを踏まえ」る、「売り上げを高める」などの概念を獲得します。それらはその後の学習において、「生産性や品質を高める」、「消費者の需要や社会の変化に対応」する、「大量の情報」や「情報通信技術の活用」、「国民生活の向上」といった抽象度の高い概念の獲得・活用につながります。「工夫」という素朴な概念からスタートし、強化・進歩して、産業・経済に関わる分野の中核概念に迫る例だと言えます。

あるいは、第３学年で「場所」という概念を活用して、位置や空間的な広がりの視点で追究すると、「地域」「分布」などの概念を獲得します。それらはその後の学習において、「自然条件」、「地域の資源を保護・活用」、「特色ある地域」、「特色あるまちづくり」、世界の人々の「生活の多様性」といった概念の獲得・活用につながります。これも「場所」という素朴な概念からスタートして、地理的環境に関わる分野の中核概念に迫る例だと言えます（以上、括弧内は「学習指導要領の内容」から抽出した文言です）。

こうした工夫や場所という概念は、何度も何度も繰り返し活用する「鍵となる概念」です。そのため、単元をまたがったり、時期的な隔たりがあったりすることから、あまり意識されていないのが現実です。

特に獲得概念については理解事項として意識されていても、それらを活用することへの意識は弱いのではないでしょうか。その一方で、**概念を活用する場面こそが見方・考え方を働かせている場面なのかもしれない**のです。

提案② 身に付けた「中核的な概念」を活用する授業を工夫すると、子供が見方・考え方を働かせている様子が分かるはずである

1 単元末のゴールで獲得する概念

先の「OECD Learning Framework 2030（2030年に向けた学習枠組み）」に関するワーキング・グループのまとめには、さらに次のような記述があります。

・転移可能性：特定のコンテクストで学習することが可能で、かつ他のコンテクストにも転移できるような知識やスキル、価値・態度に、より優先度が置かれるべきである。　※コンテクスト…文脈、状況

（下線は筆者）

社会科で単元末のゴールとして獲得する概念（本稿ではそれらの中に「中核的な概念」が位置付いていると捉える）は、学習指導要領の内容における「ア　次のような知識及び技能を身に付けること」の項目に「〜を理解すること」として示されています。

例えば第３学年では、以下が挙げられます。

・生産の仕事は、地域の人々の生活と密接な関わりをもって行われていることを理解すること。
・消防署や警察署などの関係機関は、地域の安全を守るために、相互に連携して緊急時に対処する体制をとっていることを理解すること。
・市や人々の生活の様子は、時間の経過に伴い、移り変わってきたことを理解すること。

第6学年では、以下が挙げられます。

・国や地方公共団体の政治は、国民主権の考え方の下、国民生活の安定と向上を図る大切な働きをしていることを理解すること。
・我が国と経済や文化などの面でつながりが深い国の人々の生活は、多様であることを理解すること。
・我が国は、平和な世界の実現のために国際連合の一員として重要な役割を果たしたり、諸外国の発展のために援助や協力を行ったりしていることを理解すること。

そこから、第3学年では、地域の「生産活動と人々の生活との関連」、「関係諸機関の連携」による「災害防止」体制、人々の「生活の変化」や「推移」などを中核的な概念として挙げることができます。

第6学年では、「国民生活の安定と向上」に果たす「政治の働き」、世界の人々の生活の「多様性」、世界諸国に果たす「我が国の役割」の重要性などでしょうか（「　」で区切っているのは、あまり文脈に位置付けてしまうと活用概念としての汎用性が損なわれると考えるからです）。

2 中核的な概念を位置付けた問い

これらの中核的な概念を獲得した後で、さらにそれらを活用する授業を工夫するとすれば、次のように中核的な概念を位置付けた問いが考えられます。

第３学年

・私たちは地域の生産活動とどのようにつながればよいか。

・災害防止をさらに進めるにはどのような人々の連携が必要か。

・市や人々の生活はこれからどのように変化していくとよいか。

第６学年

・国民生活の向上を図るためにはどちらの（どんな）政策がよいか。

・世界の人々の生活の多様性をどのように理解していけばよいか。

・我が国が役割を果たすにはどのような援助が必要か。

つまり、ゴールとしてイメージされてきた獲得概念（中核的な概念）を活用する授業は、いずれも未来志向になるとともに、「価値・態度」に優先度が置かれることが想定されます。

そこで必要になるのは、獲得した大事な概念（キーワードともいえます）をカード化して黒板に貼っておいたり、学習履歴（模造紙、板書の写真など）として残しておき、子供たちが活用できる（しやすい）環境をつくっておくことではないでしょうか。

そうすれば、設定された未来志向の学習場面における子供の表現内容からは、獲得した中核的な概念をどのように働かせて学んでいるか、すなわち見方・考え方をどのように働かせているかが見えるのではないでしょうか。

持続可能な未来社会を目指し、「中核的な概念」を働かせ、「社会のウェルビーイング」と重なる社会科授業を目指す

OECDが提唱する「ウェルビーイング」は、「生徒が幸福で充実した人生を送るために必要な、心理的、認知的、社会的、身体的な働きと潜在能力」のことであり、「教育の目的は、個人のウェルビーイングと社会のウェルビーイングの２つを実現することである」としています。

（OECD「ラーニング・コンパス（学びの羅針盤）2030　コンセプト・ノート」より）

つまり、教育の目的は「子供一人ひとりと社会全体が、現在から将来にわたって幸せで満ち足りた状態となるため」ということです。

この考え方の根底には、「多様性」と「持続可能性」の２つの目標概念があると考えられます。前者は「個人のウェルビーイング」における多様性であり、後者はSDGsが目指す世界全体の持続可能性、すなわち「社会のウェルビーイング」です。

あまり大きな風呂敷を広げすぎても、社会科として畳むことができなくなりそうですが、ここでは、小学校社会科の中核概念を働かせて学ぶ「持続可能性」について考えてみます。

SDGs（持続可能な開発目標）は、「誰一人取り残さない」社会の実現を目指し、経済・社会・環境をめぐる広範な課題に統合的に取り組むため、2030年に向け、世界全体が共に取り組むべき普遍的な目標として、2015年９月に国連で採択され、加盟193か国が2016年から2030年の15年間で達成するために掲げた目標です。

1 ESDを通して進める

文部科学省では、学校や地域で足元の課題解決を大事にして、ESDを引き続き推進することでSDGsの達成に貢献することを目指しています。ESD（「持続可能な開発のための教育」）は、1992年に「環境と開発に関する国連会議」（国連地球サミット）で提唱され、一人一人が自分にできることを考え実践していくこと、課題解決につながる価値観や行動を生み出し、持続可能な社会づくりの担い手を育むことを目指す教育です。社会科に限らず、各教科で、あるいは教科等横断的な学習として取り組むことが適切であろうと考えられる教育内容です。

国立教育政策研究所がまとめた最終報告書「学校におけるESDに関する研究」（平成24年）では、次頁の**資料２**のように「持続可能な社会づくりの構成概念（例）」を６つに整理しています。社会科の授業では、相互の関連、連携、責任などがキーワードとされることが多く、既にESDと社会科は親和性が高いように見えます。

資料2

人を取り巻く環境に関する概念	概念		説明
	Ⅰ多様性	いろいろある	自然・文化・社会・経済は、起源・性質・状態などが異なる多種多様な事物（ものごと）から成り立ち、それらの中では多種多様な現象（出来事）が起きていること
	Ⅱ相互性	関わり合っている	自然・文化・社会・経済は、互いに働き掛け合い、それらの中では物質やエネルギーが移動・循環したり、情報が伝達・流通したりしていること
	Ⅲ有限性	限りがある	自然・文化・社会・経済は、有限の環境要因や資源（物質やエネルギー）に支えられながら、不可逆的に変化していること
人の意思・行動に関する概念	Ⅳ公平性	一人一人大切に	持続可能な社会は、基本的な権利の保障や自然等からの恩恵の享受などが、地域や世代を渡って公平・公正・平等であることを基盤にしていること
	Ⅴ連携性	力を合わせて	持続可能な社会は、多様な主体が状況や相互関係などに応じて順応・調和し、互いに連携・協力することにより構築されること
	Ⅵ責任性	責任をもって	持続可能な社会は、多様な主体が将来像に対する責任あるビジョンをもち、それに向かって変容・変革することにより構築されること

資料2の上段の三つは「人を取り巻く環境に関する概念」、下段の三つは「人の意思・行動に関する概念」とされており、社会科との親和性で考えるならば、前者は「社会認識のための概念」（社会の様子や仕組みを理解するための追究の視点）、後者は「社会参加のための概念」（これからの社会を考えるための追究の視点）と捉えることができます。

そもそも社会的事象の見方・考え方において例示されている視点は、そのほとんどが前者です。これからの社会科では後者、すなわち**「社会参画のための概念」（これからの社会を考えるための追究の視点）を社会科学習の文脈を通して獲得・活用される「中核的な概念」として見いだしていく**ことが求められるのではないでしょうか。

2 未来志向の場面で問いに位置付ける

例えば、上記の6つの構成概念を単元末の未来志向の学習場面、すなわち以下の場面で、「問いに位置付く視点」として設定してみてはどうでしょう。

①社会に見られる課題を把握して、その解決に向けて社会への関わり方を選択・判断する場面
②産業などの発展について、多角的に考えて自分の考えをまとめる場面

①については、「内容の取扱い」に「自分たちにできることなどを～」という記述があるので、意思・行動に関する概念、すなわち公平性、連携性、責任性を中心に「活用すること」に比重を置いた概念として考えてみてはどうでしょうか。

また②については、社会の様子や仕組みを理解した上での社会に在り方に対する意見表明になるので、人を取り巻く環境に関する概念、すなわち多様性、相互性、有限性を中心に「獲得すること」に比重を置いた概念として考えてみてはいかがでしょうか。

例えば、選択・判断する場面では、以下のような問いで考えてみることです（「＊」は既に社会科の授業で多くみられる視点）。

[公平性] みんなにとってよりよい解決とはどのようなものか
[連携性] 私たちにはどのような協力が必要か＊
[責任制] 私たちにはどのような責任があるか＊

また、教材化の視点として、あるいは多角的に考える視点としては、以下が考えられます。

［多様性］ 様々な人々の立場でよりよい発展を考えること
［相互性］ これからどのような結び付きが大切かを考えること*
［有限性］ 資源や伝統文化などを守っていくためにはどうすべきか、何を優先すべきかを考えること

従来から社会科は、よりよい社会を人々の努力や協力で実現することを目指して内容を取り扱う教科なので、「*」の視点のように既に活用されているものも多いと感じられるのではないでしょうか。

しかし、大切なのは教師が意識的に教材化して獲得・活用を促すことである以上、「社会のウェルビーイング」の方向と重なる社会科として、それらを明示していくことが大切であると考えます。

また、それらの概念を社会科学習の文脈を通して獲得・活用することは、前項で述べた「教科を横断して創造性を発揮しながら探究的に学ぶ力」につなげることや、「豊かで確かな活用概念」、「汎用的な有用性をもつ知識（教養）」を身に付けることが、「社会科学習を通してできること」を示すことになるのではないでしょうか。

ただし、これらの「６つの構造概念」は、社会科だけでなく全教科等で獲得・活用するものとして想定されているため、理科や道徳、総合的な学習の時間などとの違いを明確にして、社会科として軽重を付けたり、選択・判断したりする必要があるのだろうと思います。むしろ、これら**６つの構成概念を含む問いを社会科の授業で追究した結果として、獲得した概念（キーワード）こそ、社会科らしい「活用概念」になり得る**のではないかと考えます。

それを52頁でも述べたように、学習履歴やカード化などにより、活用することを意識付ける環境づくりを工夫して子供が自在に活用することを促すようにすることが、これからますます大切になるだろうと思います。社会科らしい「言葉」を使って考えることの重視です。

このほかにも、社会科として未来志向の場面で「持続可能性を吟味す

る」際の問いに位置付ける概念例としては、「実現できるか（実現可能性）」、「誰がやるか（主体性）」、「効果はあるか（実効性）」、「効率的か（効率性）」などが考えられます。

いずれにしても、**これらは、価値や態度、意思に比重のかかった解を求める問いであり、唯一の正解があるとはいえないものばかりなので、大いに議論の余地が生まれる**はずです。

子供が見方・考え方を働かせて学ぶ授業の第２ステージは、持続可能な未来社会を目指して「中核的な概念」を働かせ、「社会のウェルビーイング」と重なる未来を目指して議論する授業だと考えたらどうでしょうか。

【未来志向の社会科に向けた課題解決の糸口】

①子供が社会科らしい概念を獲得・活用していることを意識して指導する。特に身に付けた「中核的な概念」を活用する授業を工夫すると、子供が見方・考え方を働かせている様子が分かるはずである。

②持続可能な未来社会を目指して「中核的な概念」を働かせ、「社会のウェルビーイング」の方向と重なる社会科授業を目指して議論することが、社会科の見方・考え方を働かせる授業の第２ステージになる。

（澤井陽介）

【第２章：参考・引用文献】

・中央教育審議会答申「幼稚園、小学校、中学校、高等学校及び特別支援学校の学習指導要領等の改善及び必要な方策等について」平成28年12月
・中央教育審議会答申「『令和の日本型学校教育』の構築を目指して～全ての子供たちの可能性を引き出す、個別最適な学びと、協働的な学びの実現～」令和３年１月
・OECD Future of Education and Skills 2030. Conceptual learning framework. Concept note: Student Agency for 2030.
・OECD Future of Education and Skills 2030. Conceptual learning framework. Concept note: LEARNING COMPASS 2030.
・国立教育政策研究所「学校における持続可能な発展のための教育（ESD）に関する研究（最終報告書）」平成24年３月
・澤井陽介、加藤寿朗編著『見方・考え方［社会科編］』東洋館出版社、平成29年10月

第 3 章

日本の社会科の単元モデルはどのように発展すべきか

1
「主体的な学び」から「主体性を発揮できる学び」へ
―単元モデルをどのように構想するか

課題意識

「主体的な学び」は、授業づくりの重要なキーワードとなり、社会科においても、子供たちが主体的に問いを追究・解決する授業の在り方が盛んに研究されています。一方で、どのように子供たちの主体性を発揮させるのか、教師の指導とのバランスをどのように図るのかなどの不安も聞かれます。こうしたことの背景には、そもそも「主体性」や「主体的」という言葉のもつ曖昧さなどもその要因としてあるように思います。

ここでは、子供たちが目的と見通しをもち、主体性を発揮し、自律した学習者として学びを進めていく単元モデルについて考えてみたいと思います。

提案① 「主体的な学び」と「主体性の発揮」は別物？ 子供たちの意志・判断が生かせる学習過程を考える

学校では、子供たちに期待する学びの姿として、「主体的」という言葉を用いることがよくあります。2017年の学習指導要領で、「主体的・対話的で深い学び」という授業改善の視点が示されたことや、学びに向かう力の育成が期待されていることなども影響していると考えられます。子供たちの主体的な学びの実現は、授業づくりの重要なテーマの１つになっていることは確かです。

ここで改めて「主体性」や「主体的」の意味を確認してみます。『大辞林』第４版（2019）では、これらの言葉を次のように解説しています。

主体性：自分の意志・判断によって、みずから行動する態度や性質
主体的：自分の意志・判断によって行動するさま

では、学習指導要領では、「主体的な学び」をどのように定義しているでしょう。以下に示します。

> 学ぶことに興味や関心を持ち、自己のキャリア形成の方向性と関連付けながら、見通しを持って粘り強く取り組み、自己の学習活動を振り返って次につなげる「主体的な学び」が実現できているかという視点

辞書で解説されている「主体性」や「主体的」は、「自分の意志・判断によって」が前提となっています。これを社会科授業の流れで考えてみると、**「主体」である自分が、単元のゴールである学習問題という「客体」に向かって、自らの意志・判断によって学習を進め解決を目指していく姿**ということになります。

一方の「主体的な学び」の解説は、子供たちの学びの姿がイメージできるように示されていますが、「自分の意志・判断によって」に該当する表現は見いだせません。私は、**ここのずれに授業改善のポイントがある**のではないかと考えています。

もちろん、学校で意図的・計画的に行う授業ですから、すべてが子供たちの意志・判断に基づいて進めるのは困難だと思います。しかしやはり、**自分の意志で選べるから楽しい、自分で決めたから粘り強く取り組めるというのは、大人も子供も同じだ**と思います。

これまでも、子供たちの「主体的な学び」を引き出そうと、教材との出合わせ方や発問の工夫、ICTや思考ツールの活用などに焦点を当てた研究・実践が熱心に進められてきました。45分の授業の中で、子供たち自身が調べたり話し合ったりする活動に取り組めるようにしている授業は多々あります。

しかし一方で、教師の指示でずっと進行していく授業、タイマーを使って、小刻みに活動をコントロールし、調べ終わっていなくても、話し終わっていなくても見切り発車しなければならない授業も少なくありま

せんでした。そこで本稿では、次のような提案をします。

子供たちが主体性を発揮して学ぶ社会科授業の実現には、「自分の意志・判断によって」学べる学習過程や教室環境、個々の学びを支える教師の役割などにもっと焦点を当てるべきである。

資質・能力を育成するための授業改善の視点として提案された「主体的・対話的で深い学び」は、学校における子供たちの学びの姿でもあります。主体的・対話的に学び、深まりのある学びへと向かっていくわけですから、子供たちはまさにアクティブ・ラーナーです。

その子供たちのために、興味・関心を喚起するような教材や資料、学習活動等を用意し、一人一人が積極性を発揮して学習できるようにすることは大切です。併せて、子供が「自分の意志・判断によって」学習を進められる単元を構想していくことが必要ではないかと考えています。

そうは言っても、社会科には理解するべきことがある、みんなで話し合い、社会的事象の特色や意味などを考え話し合う場面が必要である…そんな声が聞こえてきそうですし、実際そのとおりだと思います。

では、どのようにしたら子供たちが自分の意志・判断で学習を進め、かつ社会科が大事にしている「調べる」「考える」「話し合う」という活動とがマッチングしていくでしょう。

本稿では、「教師の指導計画」「子供の学習計画」の視点、社会科の単元モデルを考えます。

社会科は、創設以来、問題解決的な学習過程を大切にしてきました。教科の本質でもある問題解決的な学習過程は大切にしながらも、さらに学習者の視点から、単元の学習過程や１時間の展開等を検討していきます。典型的なスタイルをモデルとして示すというよりは、いくつかのバリエーションならびに、それを支える要因等について検討し、提案していきたいと思います。

提案② 教師の指導計画・子供の学習計画、その両方を生かす学習過程をつくる

1 問題解決的な学習過程を構想するだけでは改善しにくい課題

教師は、学習指導要領や教科書等を基に、扱う内容についての教材研究を深め、資料を整えたり、学習活動を組織したりして単元の指導計画を構想していきます。授業はこの単元の指導計画に沿って展開されていきます。

一例になりますが、社会科では単元導入で象徴的な社会的事象に出合い、驚きや疑問などを基に学習問題を設定し、さらに、学習問題に対する予想等から、学習計画を立てることがよくあります。この学習計画は、学習問題を解決するために調べたり考えたりすべきことを「問い」として検討・整理していきます。もちろん「問い」は複数です。

また、「問い」ではなく、「めあて」「課題」などの名称で用いられることもあります。これら「問い」は、各時間のねらいを実現するための追究の内容や方向性を示すものとして子供たちに提示され、毎時間の授業が進められていきます。このように社会科では、問題解決的な学習過程を大切にしながら指導計画が立てられていきます。加えて、1時間の授業においても次のような問題解決的な展開を見ることがよくあります。

①［つかむ］この時間の「問い」を確認する

②［調べる］資料等で調べる

③［考え話し合う］調べたことを基に、考え話し合い、この時間の「問い」の解決を目指す

④［まとめる］調べ考えたことなどを文章などでまとめる

このように、単元指導計画も1時間の授業展開も問題解決的な学習になるように構想されていても、実際の授業ではどうしても改善の難しい課題が出てきます。

②の「調べる」は、③の考え話し合う活動の根拠を獲得していく重要

な活動になります。子供たちは、教師の指示を受け、教科書や資料集、インターネット等を使用して調べますが、どうしても決められた時間、決められた方法の中での活動になりがちです。

さらに、教師としては、③の考え話し合う活動への移行を目指す関係から、子供たちの学習状況を見計らいながら活動をストップさせます。結果、調べるのが苦手な子は、毎時間調べ終わらないという経験をしていきます。反対に、調べるのが早い子にとってみれば、退屈な時間にもなりかねません。

また、単元の学習問題を設定した後、学習計画を立てて進めるわけですが、それは学級としての学習計画であって、その子のペースに応じて調べたり考えたりすることは現実問題として十分保障されていません。

2 個別最適な学びと単元内自由進度学習

「個別最適な学び」の提案があって以降、単元内自由進度学習や自己決定学習等に関心が集まっています。とはいえ、これらは新たに登場してきたものではありません。

1971（昭和46）年の中央教育審議会答申以降、個に応じた指導の重要性が盛んに提唱されるようになり、1977（昭和52）年には、ゆとりある学校生活の中で、それぞれの個性や能力に適した教育の実現を目指した学習指導要領が告示されます。

当時の文部省（1984）は『小学校教育課程一般指導資料Ⅲ　個人差に応じる学習指導事例集』を刊行し、個に応じた指導の拡充を図ろうとしてきました。座席表の活用や協力教授による指導改善、さらにはオープン・スペースの活用による指導として、今日再び注目を集めている単元内自由進度学習や課題選択学習、自由課題学習などの実践例が紹介されています。

単元内自由進度学習については、先の指導事例集の中では、「この事例は、児童が自分の学習のペースあるいは進度に応じて学習していくことができる学習活動である」と紹介しています。また、佐野亮子（2021、

174頁）は「ある教科（単元）の学習の初めに行われるガイダンス（導入）と、その単元の終わりに行われるまとめの時間を除いた、授業時間のほとんどを一人で学び進める学習方法」としています。

これらの説明からは、単元内自由進度学習では様々な学びのバリエーションが生まれることが想定されます。

また、自由進度学習という言葉は用いていませんが、例えば、オランダの小学校では、子供たちが、国語や算数について、単元を見通して自分で学習を進めている場面に出合うことがよくあります（例えば武田ら 2010）。そうした学校では、1週間の授業の中で、国語に充てる時間、算数に充てる時間も自分で決めます。ですので、1つの授業の中で国語に取り組んでいる子と算数に取り組んでいる子が混在しています。

こうした学習を成立させるには、**導入時のガイダンスが丁寧に行われるとともに、教師が、一人一人の学習状況とあわせてその子の学習計画をチェックし、必要に応じてアドバイスすることが必要**になります。これは単元内自由進度学習にも通じることです。

2022年に訪問したフィンランドの小・中学校でも、教師が指導する場面、教師が話した内容について教師と子供が一緒にディスカッションする場面、それらを終えて自分の計画で学習を進める場面があるなど、1時間の進め方の中に、教師がリードする場面と子供たちが自分たちのペースで学習を進めていく場面がありました。

提案③ 教師の指導計画と子供の学習計画の両方を大切にする単元モデルを構想する

1 自由進度学習を取り入れた学習過程

本稿で提案したいのは、**教師の指導計画と子供の学習計画の両方を大切にする単元モデル**です。

社会科は、調べて終わりではなく、調べたことを基に、その特色や相互の関連、意味を多角的に考えることを重視しています。考える場面には、やはり話し合う活動が必要です。

資料1は、教師の指導計画と子供の学習計画をマッチングさせた学習過程のイメージを表したものです。

導入時に設定された単元の学習問題は、いくつかのことを調べたり、考えたりしていくことを通じて解決に至ります。この「いくつかのことを調べたり、考えたりしていくこと」は、学習問題に対する予想などを通じて導き出され、「問い」として整理されていくことが多くあります。ここまでが、**資料1**の「つかむ」過程になります。

そして、「調べる」過程は、子供たちのそれぞれの学習計画を基に進んでいきます。いわば単元内自由進度学習になります。ただ、社会科の性質上、調べて終わりではなく、やはり調べたことを基に話し合う活動を通じて、社会的事象の特色や相互の関連、意味を多角的に考えることが欠かせません。

この活動は、教師が学びの質を上げていくために大切にしているものであり、そこはむしろ教師の指導の意図が働きます。つまり教師の指導計画が優先する場面です。**資料1**の「考え話し合う活動」と示した部分です。

ところで、藤森千尋（2023）は、学習者中心の学びにおける教師の役割を検討するために、「教える」ことを大切にする立場、「教えない」ことを大切にする立場のそれぞれから書かれた論考を２点ずつピックアッ

資料1　教師の指導計画と子供の学習計画を生かした単元の学習過程のイメージ（例）

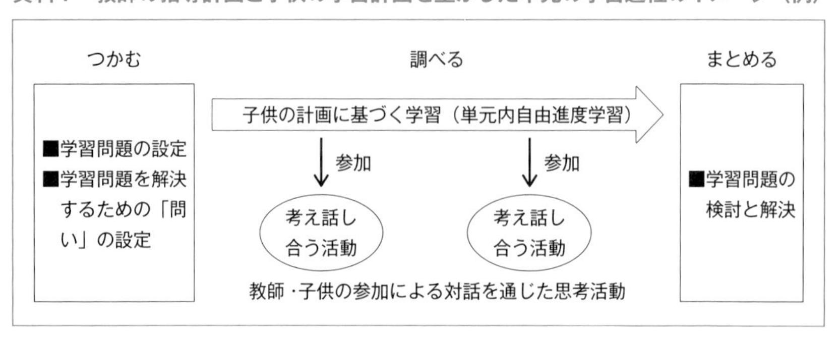

プし、比較検討しています。そして、**「問い」と「対話」が教育実践において大切なこと、各段階において教師が適切に働きかけることが必要であることは、両立場に共通している**と指摘しています。

この指摘は、本稿で重視している「問い」と「考え話し合う活動」にも通じるものです。

この考え話し合う活動は、みんなが参加する時間です。子供たちには「参加する」という意識を強くもたせたいと思っています。この活動は１時間の授業では中盤から後半に行われることが多いと思いますが、必ずしも毎時間行わなくてもいいように思います。

また、子供たちは、この考え話し合う活動に参加するためには、その時間までに、必要な事柄を調べたり考えたりしておくことが必要になります。このことは単元導入の学習計画づくりの段階で、教師と子供たちとで共有しておくことになります。

2 子供たちの学びは「問い」がリードする―教師とシンクロしていなくても学べる「問い」

単元内自由進度学習を取り入れようとする場合、子供たちの学習をリードするのは、学習問題を解決するために検討された「問い」になります。

この「問い」は１時間に１つずつ扱われ、全員同じペースで授業を進めていくことが多くありますが、単元内自由進度学習の場合、先生とシンクロしながら学習を進めるわけではないので、この「問い」が、子供たちのそれぞれの学習をリードします。したがって、その表現が、「○○って何？」「○○を調べてみよう」でとどまっていると、話し合いや思考活動に誘うことができず、表面的な学習になってしまう可能性があります。

様々な表現があると思いますが、例えば「○○について調べ、なぜ…となっているのか考えよう」「○○の問題について、市はどのような工夫をしているのだろう」といったように、**自由進度学習においても、調べて終わりではなく、その先に考えたり話し合ったりすることを求める**

ような「問い」を設定しておくことが大切です。これらは、授業の中・後半のみんなで考え話し合う活動の「問い」にもなるわけです。

また、これまでの「調べる」場面では、教師は子供たちに調べて分かったことを発言させ、それを板書し整理していくことが主流でした。しかし今や、一人一人がタブレット端末を活用するようになり、調べたことをストックする方法やその量は大きく変化しました。

調べたこと、友達と話し合ったことをタブレットに保存しておくことで、瞬時に共有が可能になります。それらを手掛かりにして「考え話し合う」活動に取り組みます。ここは、教師と子供たちがシンクロして考え話し合っていく場面になります。

3 1時間の授業イメージ

資料2は、1時間の授業イメージを表しています。ここでは仮に、8時間扱いの5時間目の授業とします。導入で教師から、この時間に考え話し合う「問い」の確認があります。この「問い」は、単元の導入で教師と子供たちですでに共有されているものです。

「問い」の確認の後、子供たちは、調べる活動に入るわけですが、この場面は、子供たちが自分の学習計画に基づいて調べられるようにします。そのため、5時間目の内容を調べている子もいれば、もっと先のこ

資料2　子供の学習計画と教師の指導計画を生かした1単位時間の学習過程（例）

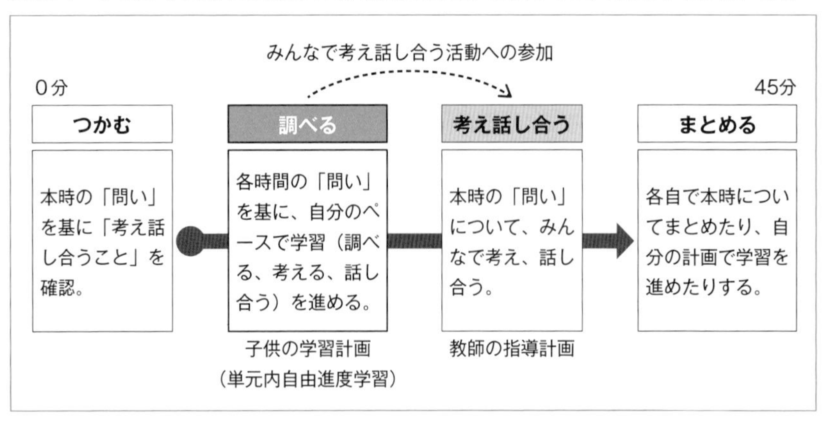

とを調べたり話し合ったりしている子も出てきます。自分の選んだ「問い」に向かおうとする意欲は、教師がリードする学習に比べてたいへん高く、同じ「問い」を選んだ子との対話も積極的です。

そして、授業の中盤から後半にかけては、調べたことを基に考え話し合う活動に参加します。子供たちは、この時間に考え話し合うことは導入の段階で分かっていますので、それに必要なことを調べる活動は、すでにやり終えた状態で参加していくことになります。これは学習者としての責任ある姿勢でもあります。

そして、こうしたスタイルの学習を行うには、子供たち自身が、以下のような学び方（方略）を身に付けておくことが必要になります。

①「問い」をもとに、解決に必要なことを調べる・獲得する
②調べた内容を根拠に「問い」について考え話し合う

社会科は、思い付きや不確かな情報で結論を導き出す教科ではありません。また独りよがりの考えを押し通す教科でもありません。きちんと事実等を調べること、それらを基に考え、他者との対話を通じて吟味・修正していくことが求められます。こうした学び方が「学びに向かう力」であると考えます。

また、「自分が取り上げた『問い』については、調べた後に、３人の友達と話し合って納得ができたら次の『問い』に移る」などの約束を子供たちとつくっておくのもよいでしょう。教師が話し合う相手の一人になるのもよいと思います。これらは、学びの質保証を意図しています。

4 子供のニーズで選べる学びの空間

小学校の授業では、一斉指導の場面において、机間指導が丁寧に行われます。子供たちの学習状況を見取り、指導に生かしていくためです。しかしそこには、子供たちは自分の席できちんと座って勉強するという前提があり、子供たちは「分からないことがあっても、先生が来てくれ

資料3　ラーニングスペースとしての教室

るまでじっとしている」ことになります。

主体性を発揮できる教室なら、分からないとき、困ったとき、自ら教師にヘルプを求めに行ったり、友達と相談したりするはずです。**「教師の許可を得ないと動いてはいけない」というルールが暗黙にでもあるとしたら、それは主体性を発揮して学ぶことのできない授業スタイルだ**と思います。

また、集中できる環境は人によって違います。「椅子に座って」「よい姿勢で前を向いて」という方法が、すべての子供たちにとって効果的な学習につながるかというと、それは難しいように思います。

一人一人が心地よいと感じる空間で学べること、そして、子供自身が学びのニーズによって学習空間やスタイルを選べるようにすることが必要だと思います。

【未来志向の社会科に向けた課題解決の糸口】

①単元の追究過程では、子供たちが自分の学習計画に基づいて主体的に調べ考える活動に取り組めるようにする。そして重要な「みんなで考え話し合う活動」は、教師の指導計画に基づいて適切に設定するなど、教師の指導計画と子供の学習計画をマッチングさせていく。

②教師の一斉指導が減る分、一人一人の子供へのアクセスは格段に増える。それを生かして、個々の学びの質を上げていく。

（中田正弘）

2 社会を見つめ社会参画への意欲を高める単元モデルをどのように構想するか
―パフォーマンス課題の活用

課題意識

「つかむ」「調べる」「まとめる」という問題解決的な学習過程の後に、「いかす」「広げる」「つなげる」などの過程を加えている学習指導案を見ることが多くなりました。

この背景には、学習したことを基に、社会への関わり方を選択・判断する力など、何を学ぶかにとどまらず、学んだことを生かしていく力を育成しようとする意図があるように思います。

しかし、どのようにしたら、現実社会の課題に対し、知識をつなげて考えたり、自己の考えを形成したりしていけるか、そうした授業はどのように構想するかなどは実践上の課題になっているように思います。

提案① 社会科で育成を目指す「思考力、判断力」とは何かを明らかにする

2017年の学習指導要領解説では、小学校社会科における「思考力、判断力」について、次のように説明しています。

> 社会的事象の特色や相互の関連、意味を多角的に考える力、社会に見られる課題を把握して、その解決に向けて、学習したことを基に、社会への関わり方を選択・判断する力である。

小学校社会科では、これまでも、教科書や資料等を活用して調べ、事実的な知識を獲得するとともに、それを基に考え話し合う活動等を通じて、社会的事象の特色や相互の関連、意味などの概念的な知識の獲得を

目指してきました。

しかし、社会科で育成を目指す「思考力、判断力」は、それだけにとどまらず「学習したことを基に、社会への関わり方を選択・判断する力」の育成も求めています。これは、現実の社会の課題等に対して、それまでに獲得してきた知識や概念を使う活動につながります。

小学校社会科では、「つかむ」「調べる」「まとめる」という学習過程を採用している指導案をよく見ますが、最近では、それに加えて、「まとめる」過程の後に、「いかす」や「つなぐ」といった過程を採り入れている指導案を多く見るようになりました。

これは、学んだことを基に現実の社会を見つめ、社会参画への意欲を高めるような授業づくり、「何ができるか」「自分はどうするか」までを考えられるような単元モデルを指向しているものと思います。

本稿では、こうした社会科研究の方向性を大事にしつつ、パフォーマンス課題の活用を提案します。

提案② パフォーマンス課題を社会科授業で活用する

1 パフォーマンス課題って何？

まずは、パフォーマンス課題とは何かを確認してみます。

> パフォーマンス課題とは、子供たちが覚えたことを単に再生するだけでは取り組めないような課題であり、構造化されていない、型にはまっていない、または予測不可能な問題や挑戦の文脈で、学んだ知識やスキルを総合して活用することを求めるような複雑な課題を指す（奥村好美2020、15頁）。

社会科学習においても、単元終盤に、学習のまとめとして、例えば、新聞やパンフレット、レポート、関係図などを作成させ、相互に発表し合う機会を通して成果を確かめ合う活動を行うことがあります。また、教師はそれを評価に活用することも一般的です。

しかし、パフォーマンス課題を活用する場合は、新聞やパンフレット、レポート、関係図、さらには討論やプレゼンテーションなどは、評価するための課題として、あらかじめ単元の指導計画に位置付けることが求められます。ここに明確な違いがあります。

2 パフォーマンス課題を活用することで社会科の何が変わるのか？

パフォーマンス課題をあらかじめ単元の指導計画に位置付けるということは、導入段階で、この単元のゴールを教師と子供とで共有することになります。

加えて、問題解決の過程は、パフォーマンス課題に取り組むための情報を収集・整理していくプロセスとなり、それは網羅的に一つ一つ理解するという学び方ではなく、パフォーマンス課題の解決に向けた合目的的な学び方になることが期待されます。

また、それが**真正性の高いパフォーマンス課題であれば、子供たちは、学んだことを使って社会への関わり方を選択・判断する学習機会になる**のです。

次頁の**資料1**は、現在比較的よく採用されている学習過程にパフォーマンス課題の活用を加えてみたものです。単元導入で教師から提示し、「いかす」場面で、パフォーマンス課題に取り組みます。当然、それまでに調べ、考えてきたことや学習問題の解決を通じて獲得した概念的な知識が生かされることになります。

また、次々頁に紹介したようなパフォーマンス課題（例：6年歴史学習の文化の単元）を設定した場合、それそのものが単元の学習問題にもなり得ます。単元導入で子供たちの問題意識や興味・関心を高め、それをパフォーマンス課題として設定していくことも考えられます。

資料1　スタンダードな学習過程を採用した単元モデル（上）とパフォーマンス課題を活用した単元モデル（下）

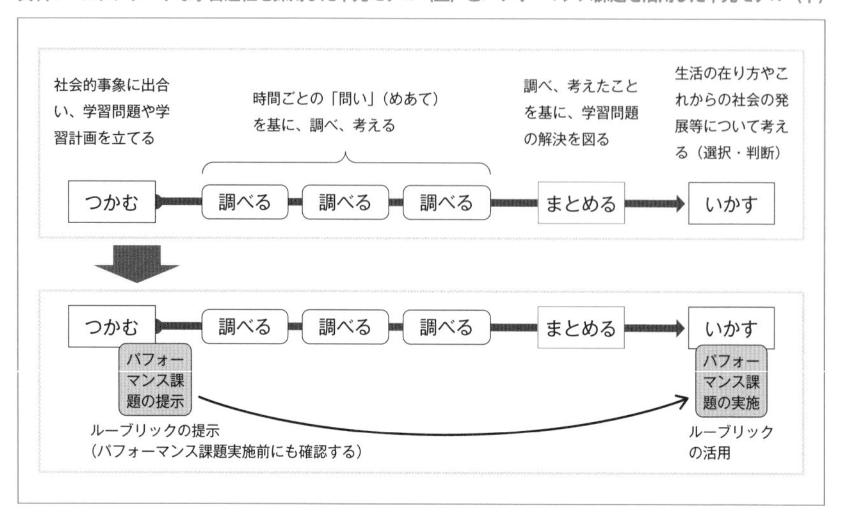

提案③　パフォーマンス課題を活用した単元モデルを構想する

1　パフォーマンス課題づくり

パフォーマンス課題の作成にあたっては、ウィギンズら（2012、190、191頁）の提案が参考になります。ウィギンズらは、パフォーマンス課題をつくるには、次の6つの要素を取り入れるとよいと提案しています。

[ゴール]（Goal）：パフォーマンスの目的
[役割]（Role）：子供たちが担う役割
[相手]（Audience）：子供たちが対象とする相手
[状況]（Situation）：子供たちが取り組む状況（文脈）、場面
[完成作品・実演と意図]（Product、Performance and Purpose）：最終的に作成したり実演したりするもの
[成功を評価するスタンダードと規準]（Standards and Criteria for Success）：パフォーマンスを評価する際の基準・規準

具体例で考えてみましょう。次は、６年歴史「江戸時代の学問と文化に貢献した人々」のパフォーマンス課題の例として紹介されているものです。

あなたが博物館の学芸員で「江戸時代の学問や文化の発展に貢献した人たち」という企画展示をするとしたら、どのような展示をしますか。人物を一人取り上げて、①その人物がなしとげた業績の特徴、②その人物がなぜ当時それをなしとげることができたのかという理由、③その業績はどのような意義をもったのか、について今日の人々に分かりやすく説明する展示物と解説文を作成しましょう。

※鉢山泰弘（2016、44、45頁）西岡加名恵『資質・能力を育てるパフォーマンス評価』より

このパフォーマンス課題では、子供たちは、今日の人々に分かりやすく説明することを「ゴール（目的）」に、学芸員という「役割」を担って取り組みます。江戸時代の学問や文化の発展に貢献するという「状況」の中で、説明する展示物と解説文を作成するという「完成作品・実演」が求められています。

そして①②③の内容をクリアすることが「スタンダードと規準」として求められているわけです。ウィギンズらが提案する６つの要素を含んだものと考えられます。

しかし、様々な文献等で紹介されているものを見ると、必ずしもこの６つの要素が充足されているわけではなく、例えば、「食料生産を支える人々はどのような工夫や努力をしているのか、プレゼンテーションにまとめて発表会をしましょう」というようなパフォーマンス課題も事例として紹介されています。

大切なのは、その単元で獲得させたいことを、パフォーマンス課題としてリアルな文脈に位置付け、子供たちが意欲的に取り組めるようにしていくことだと思います。

2 どの単元でパフォーマンス課題を活用するか？

社会科も含め教科等の指導には、標準的な授業時数が定められているので、すべての単元でパフォーマンス課題を活用することは実際上困難なように思います。そこで、学習指導要領の「内容」のレベルで考えることを提案します。

例えば、学習指導要領に示された4年生の内容(2)は、地域の人々の健康な生活の維持向上（飲料水、電気、ガスの供給）と生活環境の維持と向上（廃棄物の処理）に関する内容があり、単元を2つの小単元で構成することが一般的です。パフォーマンス課題は、この2つの小単元を組み合わせて設定することができます。

飲料水の確保とごみの処理の学習の最後に、真正性の高いパフォーマンス課題を設定し、評価していきます。パフォーマンス課題は、当然、単元の指導目標に照らし合わせて検討されます。

例えば、「私たちの健康な生活と環境を支える県や市の取組について、それらが私たちのくらしに果たす役割と課題を市の人々に知ってもらうためのパンフレットを作成し、プレゼンしましょう」をパフォーマンス課題にします。子供たちは、2つの小単元で学習したことを基に、それらに共通することや人々のくらしに与える影響等について思考を深めそれを表現していくことになります。

資料2　2つの小単元を通じたパフォーマンス課題を活用する単元プラン

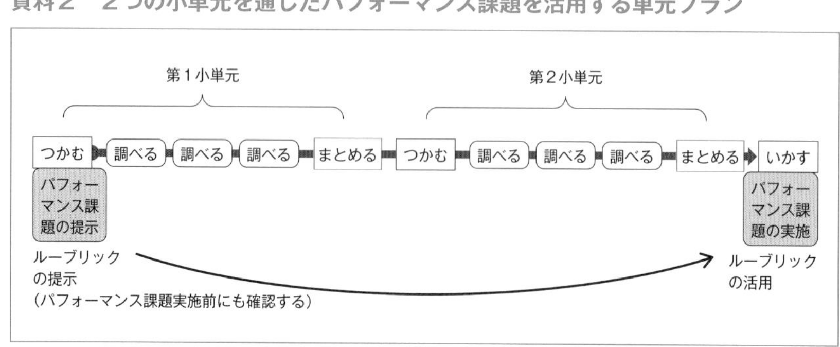

3 パフォーマンス課題を評価するルーブリック

単元導入で子供たちにパフォーマンス課題を提示する際、評価指標となるルーブリックも提示します。

これは、パフォーマンス評価と称され、ある特定の文脈のもとで、様々な知識や技能などを用いて行われる人のふるまいや作品を、直接的に評価する方法です。パフォーマンス課題によって、学力をパフォーマンスへと可視化し、ルーブリックを使うことによって、パフォーマンスから学力を解釈する評価法です（松下佳代子2007、6、10頁）。

パフォーマンス課題は、「構造化されていない、型にはまっていない、または予測不可能な問題や挑戦の文脈で、学んだ知識やスキルを総合して活用することを求めるような複雑な課題」であることから、その評価を行うには、指標となるルーブリックが必要になるわけです。

この時点で問題として発生するのが、３つの観点で評価規準を作成し、単元を通じて評価しているのに、さらにルーブリックをつくらなければならないのかという問題です。

結論から言えば、ルーブリックは、パフォーマンス課題の評価に活用するものであるということです。ですので、他の指導場面では、これまでどおりに観点別評価規準を活用すればいいでしょう。

では、どのようにルーブリックを作成するか。それは、パフォーマンス課題で何を評価しようとしているかに関わります。

つまり、**パフォーマンス課題は、思考・判断・表現のようなペーパーテストでは捉えにくい学力を評価しようとするものであり、よりリアルな場面を想定し、評価したいことに対応した課題を作成していくことが大切**です。

そうした課題を評価する指標になるのがルーブリックです。

６年生政治学習におけるパフォーマンス課題を例に考えてみます。

18歳から選挙ができるようになったことを学習しましたが、令和５年度の○○市の市議会議員選挙における10歳代、20歳代の投票率が30%台という結果となりました。あなたは選挙に関心がない友達に、どのように話をしますか。議会政治と選挙の意味を分かりやすく説明するプレゼンシートを１枚作り、友だちに選挙の大切さを説明してください。

このパフォーマンス課題では、子供たちは、自分たちが住む市の10歳代、20歳代の投票率が低いという状況において、選挙に関心がない友達を相手に、関心を高めるように話をするという目的と役割をもちます。その際、議会政治と選挙の意味を分かりやすくまとめるという基準が与えられ、かつそれを１枚のプレゼンシートにまとめるという成果物の作成が期待されています。

これをもとに、試作したルーブリックが**資料３**です。ルーブリックは定型がなく、観点別に記述しているものもみられます。**資料３**に示した例は、主に「思考・判断・表現」を視点に記述しています。

資料３　ルーブリックの例

尺度	記述語
3 熟達	議会政治や選挙の意味を、図表を活用しながら的確にまとめ、政治と自分たちの生活とのつながりの具体例を示すなどしながら、投票の大切さについて説得力のある説明している。
2 十分	議会政治や選挙の意味を図表を活用しながらまとめ、政治と自分たちの生活とのつながりの視点から、投票の大切さを分かりやすく説明している。
1 不十分	議会政治や選挙の意味をまとめ、説明しているが、生活とのつながりの視点や根拠が十分でない。

ルーブリックは、教師が何を評価するかを念頭に作成していきますが、一度作成したらそれで完成したと固定的に考えず、同僚等と意見交換しながら、適切に評価できるように修正を加えていくといいでしょう。また、パフォーマンス課題を実施する前に、再度ルーブリックを確認する段階で、どんなことができればよいか、子供たちと話し合い、場合によっては子供たちの声を記述語に反映させてもよいでしょう。

＊本稿では、ウィギンスらの提案をもとに、文献等を参照しながら、パフォーマンス課題を活用した社会科の単元モデルを検討してきました。逆向き設計の理論やパフォーマンス評価等に関心のある方は、ぜひ章末に挙げた文献等を参考にされるとよいと思います。

【未来志向の社会科に向けた課題解決の糸口】

①社会を見つめ社会参画への意欲を高めるために、学期に１回程度、真正性の高いパフォーマンス課題を設定した単元を構想し、チャレンジする。

②パフォーマンス課題は、実施しやすい単元を選んで設定する。

③ルーブリックは出口のパフォーマンスを評価するものとして学年教師で協力して作成し、子供たちとも共有する。

（中田正弘）

3

「個別最適な学び」と「協働的な学び」へのアプローチで、社会科の単元モデルはどう変わるか

課題意識

これからの学校教育の姿として、全ての子供たちの可能性を引き出す「個別最適な学び」と「協働的な学び」の実現を目指す「令和の日本型学校教育」が提言されました。

では、問題解決的な学習を重視してきた社会科は、この提言にどのようにアプローチしていけばいいのでしょう。また、「個別最適な学び」と「協働的な学び」を実現するために、社会科ではどのような工夫が必要なのでしょう。

ここでは、社会科における「個別最適な学び」「協働的な学び」を充実させる単元モデルについて考えてみたいと思います。

提案① 「個別最適な学び」と「協働的な学び」の提案を捉える

1 2つのアプローチを求める「個別最適な学び」

2021年の中央教育審議会答申において、目指すべき新しい時代の学校教育の姿として「全ての子供たちの可能性を引き出す、個別最適な学びと、協働的な学びの実現」が提言されました。つまり、学校では、学習指導要領において示された3つの資質・能力の育成を着実に進めることが重要であり、そのためには、以下の充実を図ることが必要であるとの提言です。

- 新たに学校の基盤的なツールとなるICTも最大限活用しながら、
- 多様な子供たちを誰一人取り残すことなく育成する「個別最適な

学び」

●子供たちの多様な個性を最大限に生かす「協働的な学び」

では、誰一人取り残すことなく育成する「個別最適な学び」では、どのようなことが期待されているのでしょうか（**資料１**）。

「個別最適な学び」には、２つのアプローチが求められています。

その一つは、「指導の個別化」です。

全ての子供に学習内容の確実な定着を図るためには、例えば、支援の必要な子供により重点的な指導を行うことや、子供一人一人の特性や学習進度、学習到達度等に応じ、指導方法・教材や学習時間等の柔軟な提供・設定を行うことなどが必要であるという考え方です。

もう一つは「学習の個性化」というアプローチです。

これは、子供の興味・関心・キャリア形成の方向性等を踏まえ、子供一人一人に応じた学習活動や学習課題に取り組む機会を提供することです。

「指導の個別化」と「学習の個性化」については、これまでも「個に応じた指導」として重視されてきましたが、2021年の中央教育審議会答

資料１　「個別最適な学び」と「協働的な学び」のイメージ

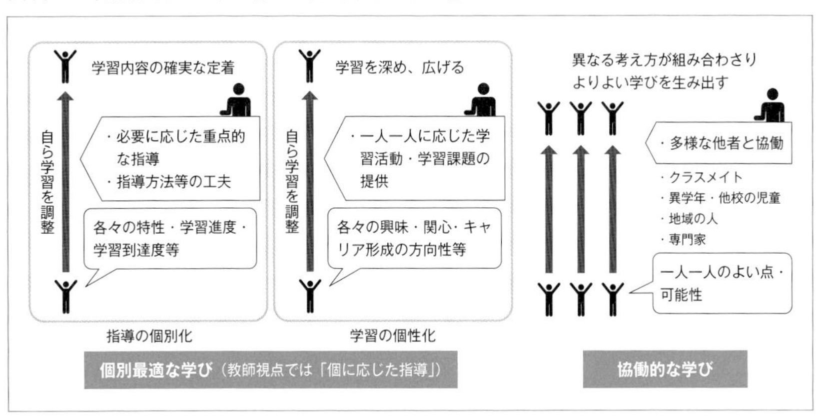

※中央教育審議会初等中等教育分科会教育課程部会「教育課程部会における審議のまとめ」より著者が一部抜粋して作成

申では、これを学習者視点からの概念として「個別最適な学び」と整理しています。**資料１**は、2021年「教育課程部会の審議のまとめ」に掲載されている「『個別最適な学び』と『協働的な学び』の一体的な充実（イメージ）」を基に一部を抜粋して作成したものです。

社会科の単元モデルにおいても、当然ながら、「指導の個別化」と「学習の個性化」という２つのアプローチが期待されるわけですが、一方で、こうした状況を実現していくには、教育的な配慮や工夫が必要であると考えます。

資料１をみると、「指導の個別化」と「学習の個性化」のそれぞれにおいて、教師がそれをどのように実現していくかが示されているのですが、「↑」の部分には、「自ら学習を調整」と示されています。つまり、教師が先行して準備し、「さぁどうぞ」と誘っていく授業ではなく、子供たちが自分のよさや課題、さらには興味・関心を捉え、自分自身で学びをコントロールしていく、教師は、そうした学びが可能になるように、環境の整備やサポートを充実していくという授業イメージをもつことが大切だと思います。

2 どのような「個」に応じるのか

「個別最適な学び」と「協働的な学び」の一体的な充実を提言した2021年中央教育審議会答申は、その背景のひとつとして、特別支援教育を受ける児童・生徒や外国人児童・生徒等の増加、貧困、いじめの重大事態や不登校児童・生徒数の増加等の「子供たちの多様化」を指摘しています（2021答申概要版より）。子供たちの多様化という状況は、当然、授業の在り方、教師の指導観にも影響を与え、その見直しや改善の方向性に「個に応じた指導」があるわけです。

遡って、本章の１（64頁）で紹介した『小学校教育課程一般指導資料Ⅲ　個人差に応じる学習指導事例集』（文部省1984）を見てみます。本資料では、個人差の諸側面として次の５つを示しています。

①達成度としての学力差
②学習速度、学習の仕方の個人差
③学習意欲、学習態度、学習スタイルの個人差
④興味・関心の個人差
⑤生活経験的背景の個人差

①は、同じ条件下で学習しても達成度に差が生じることを前提に、一人一人の達成度に応じた計画が必要であること、②は一人一人の学習速度には違いがあり、それを適切に捉え、最適な時間を与える必要があることを指摘するものです。③④については、学習活動を内面から支えている要因に関することで、とりわけ③では、一人一人の認知の仕方には違いがあり、それに伴う学習スタイルへの配慮が指摘されています。

⑤は、子供たちを取り巻く環境は多様であり、それがものの考え方や感じ方に大きな影響を及ぼしていること、個人的・社会的な生活能力が学習を進める基礎能力なっていることなどから、それらの個人差を正しく捉えることが指摘されています。

子供たちの多様化が進む中、個に応じた指導が求められるわけですが、私が校内研究会等で授業を参観する限り、こうした状況を無視して授業を進めている先生は一人もいません。とはいえ、一律の指導方法、学習活動ですべての子供たちが学びに参加することは困難です。ではどうしたらよいか、というのが本稿の提案になります。

提案② 社会科における「個別最適な学び」「協働的な学び」を充実させる単元モデルを構想する

「調べる」「考える」という学習活動は、単元モデルのいかんにかかわらず大切にされるべきことだと考えます。これは「個別最適な学び」と「協働的な学び」を充実していくうえでも欠かすことができません。

資料２　「問い」の順序選択を取り入れた単元モデル（例）

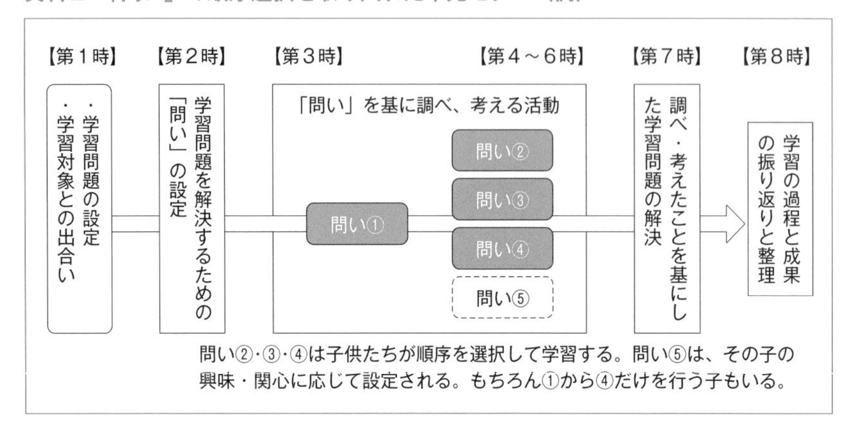

1「問い」の順序選択を可能にする単元モデル

社会科において「個別最適な学び」の実現を目指す単元モデルとして、学習の「順序選択」という方法を取り入れることが考えられます。**資料２**は、８時間の単元を想定した例です。

社会的事象に出合い、学習問題を立てた後に、その解決のための「問い」を設定していきます。この「問い」は、学習問題に対する予想や解決するために調べ考えなければならないことを整理したものです。調べて終わりではなく、調べたことを基に、思考を促すような「問い」がよいでしょう。

第３時は、１つめの「問い」を基に、学級全体で学習を進めます。従来と同じ方法です。この単元での学習の進め方や資料などの確認も行うことを通して、個々への配慮を大切にします。子供たちは、その方法を基に、残りの３つの「問い」について自分で順序を決めて学習に取り組みます。第４時から第６時までの３時間を充てます。

３つの問いを３時間で学習するわけですが、教師が１時間ずつ授業を進めていくよりも、子供たちに委ねたほうが早く学習が進む場合が多く

資料3　事例選択を取り入れた単元モデル（例）

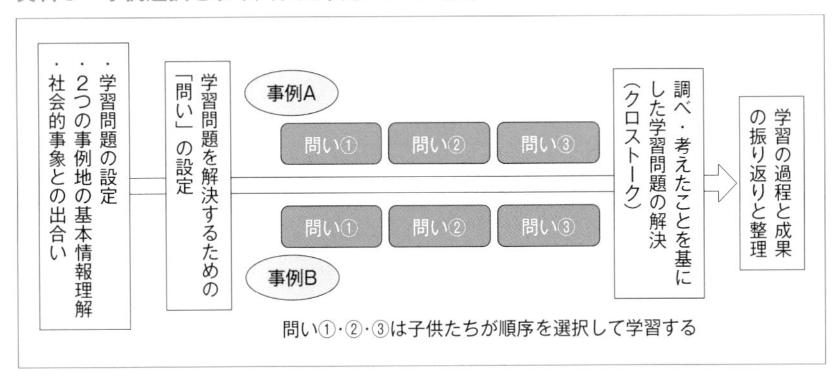

みられます。その場合、子供自身が、５つ目の問いを設定して学習に取り組むことで、その子の興味・関心を生かした学習が可能になります。つまり、学習の個性化という視点です。

このように、取り組む「問い」の順序を選択して学ぶ方法は、歴史学習で学習順序に重きを置く場合には一定の配慮が必要ですが、多くの単元で実施可能です。ただし、こうした実践を進めていくうえで大切にしたいのは、子供たちの学習状況の把握とフィードバック（つまり指導と評価の一体化）です。そのことが、学びの質保証につながると考えます。

2 事例選択を可能にする単元モデル

単元の目標は同じでも、教材となる事例は、地域の実情や子供たちの興味・関心等に応じて選ぶことができるのは、社会科の教科としての特徴の一つです。例えば、４年生内容⑶「自然災害から人々を守る活動」の学習では、地域の実情を踏まえ、地震災害、津波災害、風水害、火山災害、雪害などの中から選択して取り上げることが学習指導要領解説に示されています。

ここでは、５年生の自然条件から見て特色ある地域の学習を例に、子供たちによる事例選択の学習について考えてみます。

この単元では、人々は自然環境に適応して生活していることを理解することが主たるねらいです。その際、「自然条件から見て特色ある地域」は、山地や低地など特色ある地形条件の地域と、温暖多雨や寒冷多雪など特色ある気候条件の地域の中からそれぞれ一つ取り上げて学習するようになっています。ですから、この単元では、「低地」と「温かい地域」または「高地」と「寒い地域」などのように、教師によって事例が選択されます。

資料４　自然条件から見て特色ある地域

地形条件	山地 （群馬県嬬恋村など）	低地 （岐阜県海津市など）
気候条件	温暖多雨 （沖縄県など）	寒冷多雪 （北海道など）

しかし、これを子供たちが選択して学習することも考えられます。例えば、地形条件からみて特色ある地域を学習する第１小単元では、子供たちが、山地または低地のどちらかを選択して学習に取り組むことが考えられます。同じく、気候条件からみて特色ある地域を学習する第２小単元では、高温多湿の地域または寒冷多雪の地域のどちらかを選択して学習に取り組むことができます。

事例は違っても、それぞれの小単元の目標を実現すればよいわけですから、こうした方法は十分可能です。一人一台タブレット端末の活用は、このような事例選択の学習の可能性を大きく伸ばしました。

ただ、子供たちが調べ・考え、目標の実現を図るうえで必要な教材や資料が整わない事例を選択させることは避けるべきでしょう。これは学びの質保証という面で注意しておきたいことです。

なお、このモデルでは、２つの事例から選んで学習する方法を示しましたが、それぞれ「問い」の順序を選択して進めることもできます。また、単元のまとめ（問題解決）を終えた後で、自分の興味・関心に応じて事例を選び学習するモデルも考えられます。

例えば、先の３年生の販売の仕事の学習では、共通にスーパーマーケットについて学習した後、小売店、コンビニエンスストア、デパートなどから、子供たちが興味・関心を基に１つを選択し、学習することも考えられます。

提案③ 「個別最適な学び」と「協働的な学び」を社会科で実現させるための教師のマインドセットをもつ

2022年９月、子供たちの学びの質保証とカリキュラム運用の工夫を調査するため、フィンランドのユヴァスキュラ・クリスティリネン小中一貫校を訪問した際、「care」「share」「dare」という考え方に出合いました。

これは、ユバスキュラ大学の教育リーダーシップ養成コースで３年間学んだユハ・キューラ先生から提示されたもので、リーダーシップの在り方にとどまらず、子供たちの学習指導にも応用しているそうです。

[care] 一人一人の子供たちの学びを丁寧に捉え、必要に応じてその子にあったケアをしていくことを意味する。

[share] 学んだこと、発見したこと、できた喜びなどをみんなで共有していくことを意味する。

[dare] あえてチャレンジさせることを意味する。

こうした考え方は、多様な子供たちを誰一人取り残すことなく育成する「個別最適な学び」と、子供たちの多様な個性を最大限に生かす「協働的な学び」の考え方にも通じます。次頁の**資料５**は、ユハ先生の考え方を参考に、「個別最適な学び」と「協働的な学び」の関係ならびに、その中における子供・教師の位置や役割を表してみたものです。

「個別最適な学び」における個別化の視点は、まさに個々の多様性、学習速度や学習到達度を丁寧に捉え、指導に生かしていく「care」の部分です。個性化の視点は、個々の興味・関心等を捉え、「さらに」や「もっと」という、より個性伸長を目指した働きかけ「dare」の部分です。また、一人一人の学びは、他者と協働することで深まったり広まったりすることから、「share」の部分にあたります。これは、単元モデルを構想していくうえでの、教師のマインドセットとなります。

資料5　「個別最適な学び」「協働的な学び」と教師のマインドセット

一方で、個別最適な学びは、学習者自身が実現していくことを考えれば、子供たちにも、自ら選択し、学びに参加し、そして責任をもって取り組んでいくという力を育んでいく必要があります。**資料5**の中央に子供たちを位置付けたのは、“Yes, I can”と、“Yes, we can”の両方を子供たち自身が獲得していくことを目指している学びであることを示しています。

【未来志向の社会科に向けた課題解決の糸口】

①「みんなで同じことを同じように」を越え、まずは子供たちの個人差を丁寧に捉え、その上で一人一人が学びに参加できる学習過程を構想・実践してみる。

②「問い」の順序選択を採用する際には、学びをリードする各時間の「問い」(めあて)を、調べて終わりではなく、調べたことを基に、思考を促すような表現にする。

③授業を通じて、自律的な学習者を育てることを大切にする。

(中田正弘)

【第３章：参考・引用文献】

［１の参考・引用文献］

・佐野亮子「個別最適な学びと学習環境整備」、奈須正裕編著『「少ない時間で豊かに学ぶ」授業のつくり方―脱「カリキュラム・オーバーロード」への処方箋』ぎょうせい、2021年、172～185頁
・武田信子、中田正弘、坂田哲人、伏木久始「ヨーロッパの教育事情と教師教育の動向」『武蔵大学総合研究所紀要』第19号、2010年、31～46頁
・藤森千尋「学習者中心の学びにおける教師の役割―適切な場面での適切な働きかけ」、中央教育研究所研究報告No.99『自律した学習者を育てる言語教育の探求⑿』2023年、26～40頁
・松村明・三省堂編集所編『大辞林』第４版、三省堂、2019年
・文部省『小学校教育課程一般指導資料Ⅲ　個人差に応じる学習指導事例集』東洋館出版社、1984年

［２の参考・引用文献］

・Grant Wiggins, Jay McTighe（著）、西岡加名恵（訳）『理解をもたらすカリキュラム設計―「逆向き設計」の理論と方法』日本標準、2012年
・奥村好美「理解をもたらすカリキュラムの設計とは」奥村好美、西岡加名恵（編著）『「逆向き設計」実践ガイドブック―『理解をもたらすカリキュラム設計』を読む・活かす・共有する』日本標準、2020年、10～16頁
・西岡加名恵『「資質・能力」を育てるパフォーマンス評価―アクティブ・ラーニングをどう充実させるか』図書文化社、2016年。
・松下佳代『パフォーマンス評価―子どもの思考と表現を評価する』日本標準、2007年

［３の参考・引用文献］

・中央教育審議会「『令和の日本型学校教育』の構築を目指して～全ての子供たちの可能性を引き出す、個別最適な学びと、協働的な学びの実現～（答申）」及び概要版、2021年
・中央教育審議会初等中等教育分科会教育課程部会「教育課程部会における審議のまとめ」2021年
・文部省『小学校教育課程一般指導資料Ⅲ　個人差に応じる学習指導事例集』1984年
・文部科学省『小学校学習指導要領解説　社会編』東洋館出版社、2017年

第4章

ICT は社会科の授業にとって何がよいか・活用すればどう変わるか

1

ICT活用は何を目的とするのか

課題意識

ICTは教師や子供の活動の質を向上させる上で重要な役割を果たしています。しかし、ICTの使用が目的化されると、本来の目的や意図である子供の資質・能力を育成することが曖昧になり、「活動あれど、学びなし」という状態に陥ることがあります。ICTの活用は、目標を達成するための手段として考えることが必要です。

そこで本稿では、教師のICT活用から子供のICT活用への拡張がなぜ必要なのか、そして子供の学習活動の質を向上させるためのICT活用の方法について考えます。

提案① 教師のICT活用から子供のICT活用へ拡張する

1 GIGAスクール構想

2019年12月19日、文部科学省は萩生田大臣を本部長とするGIGAスクール実現推進本部を立ち上げました。GIGAスクール構想が正式にはじまった日です。この日に出された萩生田大臣のメッセージの次の一文が印象に残ります。

この新たな教育の技術革新は、多様な子供たちを誰一人取り残すことのない公正に個別最適化された学びや創造性を育む学びにも寄与するものであり、特別な支援が必要な子供たちの可能性も大きく広げるものです。①

子供たちの多様性に応じて誰一人取り残すことがない教育、子供のもつ創造性や可能性を十分に拡張していく教育を行うべきだという強い覚悟と想いが感じられます。

現在、このメッセージに込められているような想いのある授業はどれくらい実現されているでしょうか。GIGAスクール構想における授業づくりで留意するべきことは何でしょうか。３年経った今、一度示されたことを見直すべきだと私自身は感じています。

2 子供のICT活用へ

子どもたちを誰一人取り残さず、創造性や可能性を拡張する教育の実現のために欠かせないのは、教員のICT活用から子供のICT活用を考えることです。

教員のICT活用では、実物投影機で資料を拡大して子供に提示するなど、一斉授業の中での活用が中心となります。ICTの活用によって確かに教員の教育技術の質を高める支援にはなりますが、それが子供の学び方に影響を与えることは多くありません。教員のICT活用だけでなく、子供のICT活用へ拡大していく必要があります。

では、子供のICT活用とはどのようなものでしょうか。高橋（2022）は、子供によるICT活用を次のように分類しています[2]。

［A］個別の知識等の反復・習得のためのAIドリルや動画等の活用
［B］高次な資質・能力の育成を意図した複合的で総合的な学習活動を支援するための活用
［C］情報共有や資料配付など資質・能力の育成に間接的に寄与する活用

上記のうち、Aは想像しやすいでしょう。

私の学級でもYouTubeやNHK for School等のサイトを見ながら学習

資料１　ロイロの資料箱

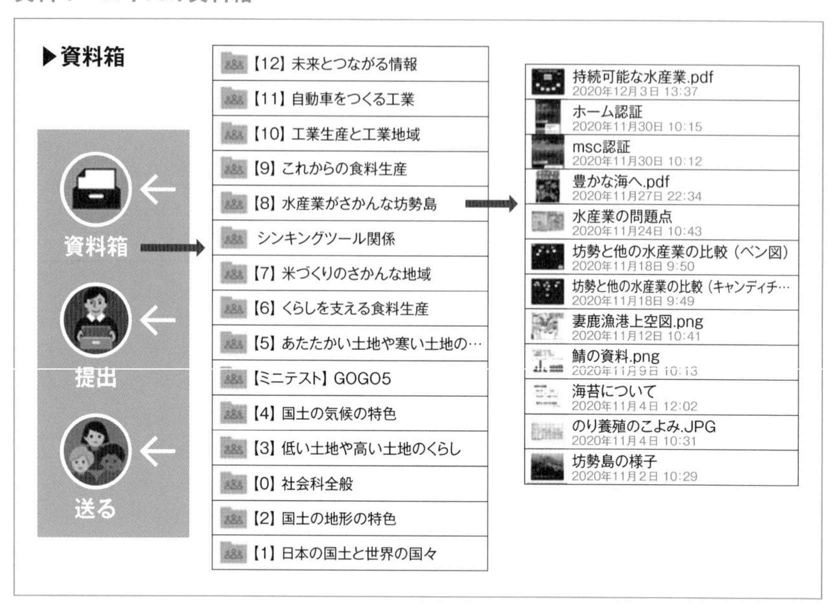

している子供は多くいます。それは、学校内で活用することもできますし、家庭でも活用することもできます。このように場所を選ばずに活用できるよさがあります。

私が６年生を担任していた際は、子供たちが家庭でNHK for Schoolにアクセスし、歴史動画を視聴した後、今度は学校の授業内でその内容について価値判断を行い、話し合う活動を行いました。個別に得た知識を活用する方法も考えられます。

Ｂについては後述します。

Ｃは、情報共有や資料配布を行う活用です。例えば、学習支援アプリ[3]「ロイロノート」（以下、ロイロ）の中には、「資料箱」という、様々なデジタル・データを保管できる場所があります。**資料１**のように教員が「資料箱」の中に様々なデジタル・データを入れておきます。子供が必要に応じてデジタル・データを選択し、自分の端末画面に取り込みます。また、教員が撮った授業の板書写真を子供たちの端末にデータとして送り、子供たちはそのデータをもとにして自主的な学習などに活用できます。家庭等でその板書写真を見ながら学習をまとめてくる子供も出てきます。このように、自分で場所とタイミングを選択し、自分の意図で子供たちが活用できるよさがあります。

資料２　二軸での活用

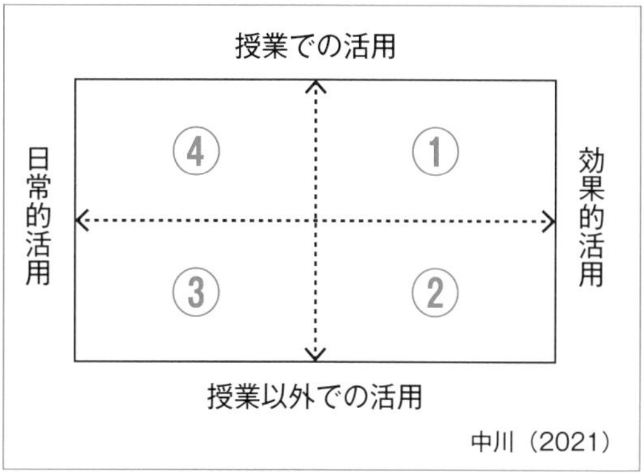

授業での活用
日常的活用
効果的活用
④　①
③　②
授業以外での活用
中川（2021）

これらＡとＣの活用は、授業内での活用も考えられますが、授業外での活用に大きな意味が感じられます。これは、中川（2021）が**資料２**で示したマトリクスの②③の領域にあたります[4]。子供たちの資質・能力を伸ばすための活用であることを考えれば、この日常的に使えることが重要になることは明白です。

子供の効果的な活用は、突然できるようになるものではありません。日常的に回数を重ねるなどの量的確保と使用する段階を踏みながら活用するなどの質的変化を経て、徐々に活用できるようになるものです。

提案② 学習活動の質を高めるためのICT活用を意識する

ICTを活用することで学習活動が充実することは十分に分かりますが、学習活動が充実するだけでは不十分です。授業は、学習目標を達成することが重要です。

学習目標を達成するために学習活動があり、学習活動の充実が、学習目標の達成につながります。この２つのつながりがなくなったときに、学習目標をもたない学習活動、つまり、手段の目的化が生じます。

資料3 5年生社会科「高い土地のくらし」における学習目標と学習活動

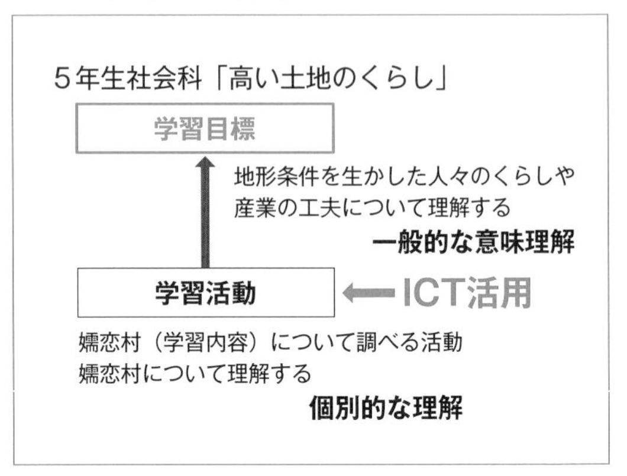

資料3のような5年生社会科を例にすると、群馬県嬬恋村[5]（学習内容）を扱い、資料や動画等を使用しながら嬬恋村について調べる活動（学習活動）を通して、地形条件を生かした人々のくらしや産業の工夫について理解する（学習目標）ことを目指します。

ここで大切なことは、嬬恋村について知ることではなく、高い土地に住む人々が地形条件に合わせてくらしや産業の工夫をしていることを理解することです。より一般的な意味理解が求められます。

しかし、前述したように、**学習目標と学習内容がつながっていなければ、子供たちはただ嬬恋村（学習内容）を調べて個別的な理解のみにとどまってしまう**可能性もあります。

子供たちは様々な活動の中で、活動の質を高める効果的なICT活用を行っています。しかし、それが目標達成につながらなければ、教科教育の活動として十分ではありません。**子供のICT活用とは、あくまでも教科等の目標を達成するために学習活動の質をあげるものだ**ということを忘れないようにしたいものです。

【未来志向の社会科に向けた課題解決の糸口】

①教師のICT活用だけでなく、子供のICT活用について考えるようにする。また、子供がICTを効果的に活用できる環境を教師が整えるようにする。

②学習目標の達成を目指し、学習活動の質を上げるためのICT活用を意識する。そのために、教師は学習目標を明確に捉えるようにする。

（宗實直樹）

2

ICT活用はどのような場面で効果的か

課題意識

「社会科ではICTをどのように活用すれば効果的なのか」「どのような場面でICTを活用すべきなのか」といった声をよく聞きます。こうした疑問がもちあがるのは、社会科の学習活動の特性や要素を理解せずにICTを導入していることが原因かもしれません。適切な学習活動に合わせたICTの活用が行われていなかったり、ICTの活用が全くなかったりすることが挙げられます。

そこで本稿では、社会科の問題解決的な学習における４つの活動で行うべき効果的なICT活用について考えます。

提案① 問題解決的な学習の流れとそれぞれの活動の特徴を捉える

1 ICTを使うと効果的な場面と事例

ここで、前項で説明した子供によるICT活用のＢ（高次な資質・能力の育成を意図した複合的で総合的な学習活動を支援するための活用）について見てみましょう。これが学習活動の中で行われる「活用」となります。

社会科は、子供たちが社会的な見方・考え方を働かせ、よりよく問題解決的な学習を行い、概念等の知識を獲得することを目標とします。

問題解決的な学習では、次頁の**資料１**のように「問題をつかむ活動」「問題を調べる活動」「問題についてまとめ振り返る活動」「学習したことをいかす活動」の４つの活動が考えられます。

学習者の「問い」に即して学習問題を設定し、学習計画を立てます。

資料1　問題解決的な学習の流れ

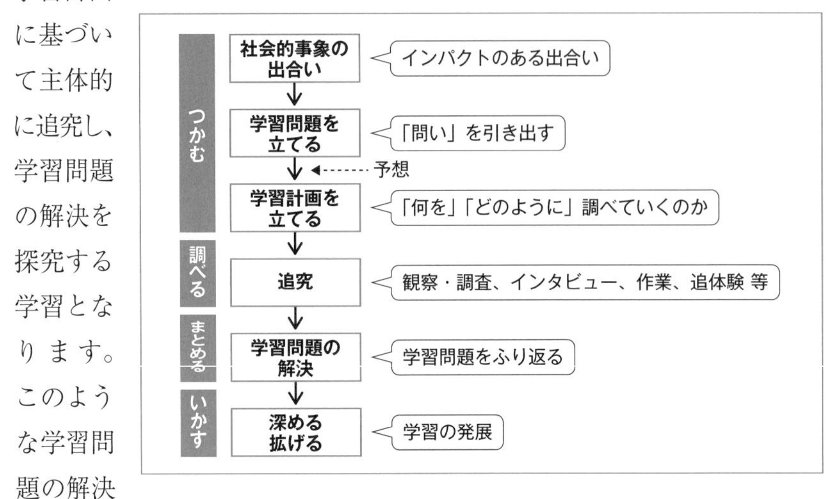

学習計画に基づいて主体的に追究し、学習問題の解決を探究する学習となります。このような学習問題の解決のプロセスを経て、子供たちは概念等に関わる知識を獲得していきます。

子供の学習過程における学習活動の一連のまとまりである「単元」の中で、概念等の知識を獲得させることが重要になります。単元というまとまりを想定して授業設計していくことが求められます。

子供たちがそれぞれの活動場面で効果的にICTを活用することにより、よりよく社会的な見方・考え方を働かせながら問題解決する力を付けていくための学習活動の質的な向上が期待できます。

提案② 各学習活動の場面でどのような活用が効果的になるのかを考える

1 「問題をつかむ場面」での活用

「問題をつかむ」場面では、学習問題を立てた後、一人一人が学習問題に対する予想を行い、出された予想を分類していきます。分類された予想をもとに、学習計画を立てていきます。

以前は、**資料2**のようにその活動を黒板を使って全体で行っていましたが、１人１台端末環境が整備されてからは、資料３のように自分の手元で一人一人が活動できるようになりました。比較・分類という思考活動を全員が行う場を保障することができます。

資料２　学習計画の立て方（例）

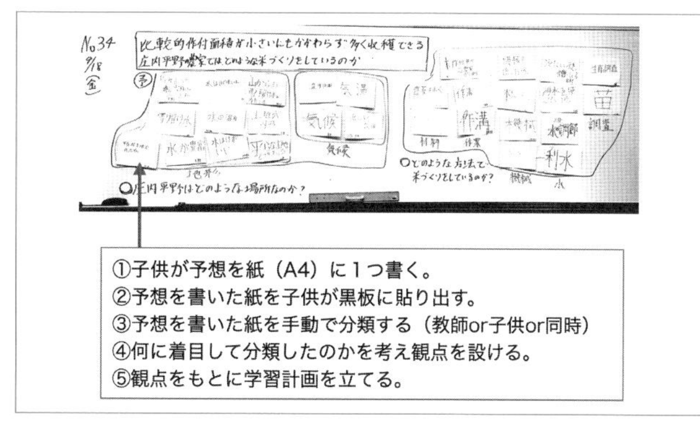

①子供が予想を紙（A4）に１つ書く。
②予想を書いた紙を子供が黒板に貼り出す。
③予想を書いた紙を手動で分類する（教師or子供or同時）
④何に着目して分類したのかを考え観点を設ける。
⑤観点をもとに学習計画を立てる。

資料３　ICTによる予想の分類

順序	機械	協力	
流れ作業で順序よく作業をしている。 決められた順番で正確につくっている。	ロボットを使ってすばやく作業をしている。 機械やロボットを使って生産している。 いろんな機械を使って組み立てている。	いろんな工場と協力して作業をしている。 それぞれの部品をとりつけるプロみたいな人がいる。 役割分担してつくっている。 多くの部品をつくる担当があって、そればかりをつくっている。 それぞれの部品をとりつけるプロみたいな人がいる。	働く人が一生懸命仕事をしている。

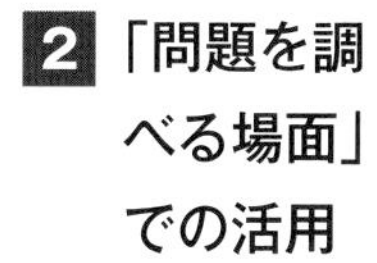

２「問題を調べる場面」での活用

「調べる」場面では、自分の予想や仮説についてインターネットを使いながら自分のペースで調べることができます。調べたことを話し合う活動でも、一人一台端末は効果を発揮します。

今までは発言力が強い子供や音声言語でのやりとりが得意な子供が中心になって進むことが多く見られましたが、端末を活用することによって、次頁の資料４のように全員の子供の考えをロイロ上で共有し、それぞれの考えを見ることができます。可視化された考えをもとに、より多様な話し合いができるようになったわけです。

３「まとめ・振り返る場面」での活用

次は、単元としてのまとめや振り返りを行う場面です。社会科では単

資料4　提出された子供たちの考え（震災遺構は解体するべきか保存するべきか？）

Aさん	Bさん	Cさん
保存すべき サイトでもあったように、実物からじゃないと学べないことがあると思います。そして、たとえ人が来なくても、その想いは受け継がれると思います。そして、教訓にもなり、次の災害にも備えられると思います。	できれば保存して欲しい。 理由は震災遺構を残しておくことで、この場所まで津波が来たから別の場所に建物を建てたりなど震災への準備などができるから保存すべきだと思う。 なぜ"できれば"にしたかというと震災遺構を残すための維持費がかかるし、子供たちが面白がって震災遺構に入り遊んだりしてしまうと震災遺構はもろくて危ないからできればにしました。	**僕は、できれば保存したほうがいい思います。** 何故なら、保存することによって、津波の恐ろしさをわかってもらえるし、東日本大震災より、次地震が来たとき、亡くなる人が少なくなるかもしれないから。
Dさん	**Eさん**	**Fさん**
できれば解体すべき 費用もかかるし震災にあった人が見たら辛かったことを思い出してしまうかもしれないから。	解体した方がいい 忘れないように残しておくと言う意見に反対な理由は避難訓練の後にある先生の話などで聞くから 保存していたら…もしかしたら亡くなった人が埋もれているかもしれない地面を遊びなどで使ってしまうと亡くなった人の周りの人が悲しむから建物を見て大事な人を失ったことを思い出してその人の後をついて自殺してしまうかもしれないから　また同じような地震があった時耐震性がなっていないからまたその学校が潰れて下で亡くなってしまうことがあるから	**できれば解体** なぜなら被災した人にとって東日本大震災は一種のトラウマとなっているので、遺構があればその地方から逃げ出したりする人が出てくる可能性もあるからです。それが起こると地域経済が悪くなるからです。

資料5　単元の学びの一覧表

元を通して振り返ることで、概念等の知識を獲得することが重要です。

また、子供が自分の学びの跡を俯瞰し、学びを振り返る必要があります。

資料5のように、ICTの一覧性と可変性を活かしたシート[①]を作成する

資料6　学習内容と学習方法の振り返り

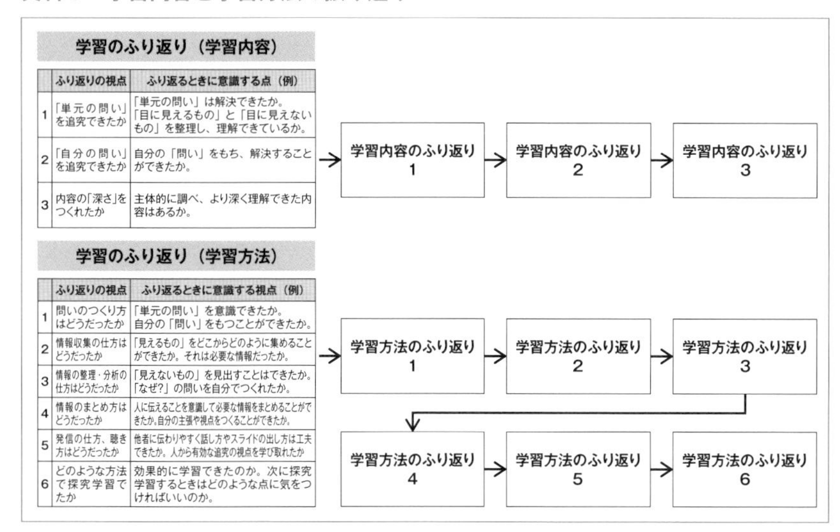

学習のふり返り（学習内容）

	ふり返りの視点	ふり返るときに意識する点（例）
1	「単元の問い」を追究できたか	「単元の問い」は解決できたか。「目に見えるもの」と「目に見えないもの」を整理し、理解できているか。
2	「自分の問い」を追究できたか	自分の「問い」をもち、解決することができたか。
3	内容の「深さ」をつくれたか	主体的に調べ、より深く理解できた内容はあるか。

学習のふり返り（学習方法）

	ふり返りの視点	ふり返るときに意識する視点（例）
1	問いのつくり方はどうだったか	「単元の問い」を意識できたか。自分の「問い」をもつことができたか。
2	情報収集の仕方はどうだったか	「見えるもの」をどこからどのように集めることができたか。それは必要な情報だったか。
3	情報の整理・分析の仕方はどうだったか	「見えないもの」を見出すことはできたか。「なぜ?」の問いを自分でつくれたか。
4	情報のまとめ方はどうだったか	人に伝えることを意識して必要な情報をまとめることができたか。自分の主張や視点をつくることができたか。
5	発信の仕方、聴き方はどうだったか	他者に伝わりやすく話し方やスライドの出し方は工夫できたか。人から有効な追究の視点を学び取れたか
6	どのような方法で探究学習でたか	効果的に学習できたのか。次に探究学習するときはどのような点に気をつければいいのか。

ことで、全体像と学びの跡が一目で分かるようになります。子供たちにとって見通しと振り返りがしやすくなっています。また、「問い」の連続性を意識でき、学習全体を構造化して捉え、質的変化も見えやすく、学習履歴が可視化されているので、適宜自己評価もしやすくなります。

加えて、文字テキストと画像テキストを挿入することができ、自由につくり変えることができます。ノート画像を入れたり、板書画像を入れたり、文字テキストと画像テキストを加工しやすく、柔軟に変化させやすくなっています。文字テキストによる情報が多いほうが分かりやすい子供もいれば、画像テキストが多いほうが分かりやすい子供もいます。それぞれ自分が得意な学び方で自由に工夫できるよさがあります。

また、**資料6**のように、観点ごとに学習内容と学習方法について振り返ることも効果的です。

4 「いかす場面」での活用

まとめを生かして、さらなる学習の発展が期待できます。例えば、一般化を図ったり、選択・判断させたりする方法です。

資料7　ベン図による比較

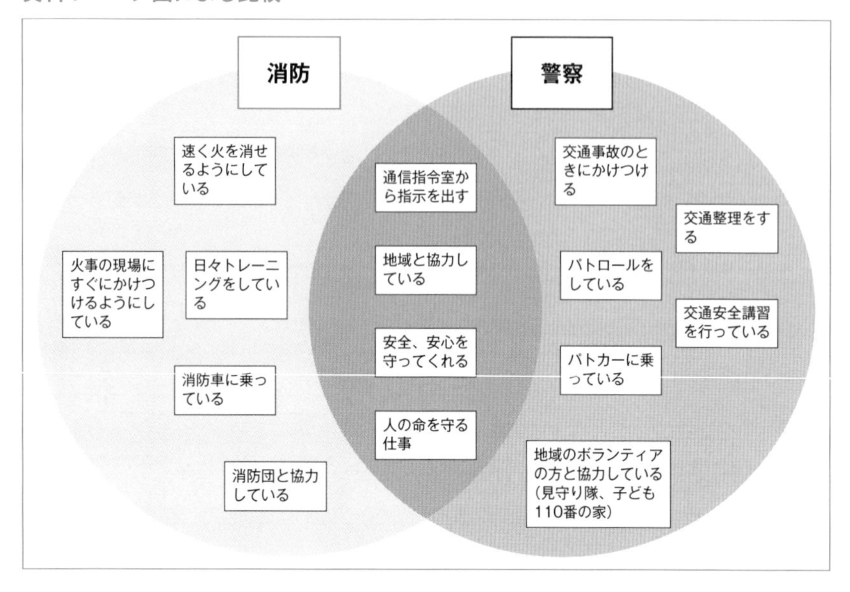

３年生「地域の安全を守る」単元では、一般化を図ります。そのために消防と警察を学習した後に比較させます。消防の仕事と警察の仕事を比較させることで、相違点と共通点が見えてきます。仕事内容は違いますが、どちらも協力して地域の安全を守ったり、命に関わる仕事をしたりしているということは同じです。

子供たちが話し合うことを通して、こうしたことを整理していくのです。

ベン図を使った整理は**資料７**のとおりです。

また、５年生の「さまざまな土地のくらし」では、「低い土地のくらし」か「高い土地のくらし」、「あたたかい土地のくらし」か「寒い土地のくらし」のいずれかを選択して学習するようになっています。軽重は付けますが、あえてどちらの事例も扱って比較することで、獲得できる知識の抽象度も上がります。

低い土地（海津市）と高い土地（嬬恋村）を比較して得た知識と、あたたかい土地（沖縄県）と寒い土地（北海道）を比較して得た知識同士を比較させます。土地と気候、つまり、「それぞれの土地に住む人々は、その土地の自然条件を生かしてくらしや産業の工夫をしている」という概念的知識を獲得することができます。知識の質が高まる瞬間です。

資料8

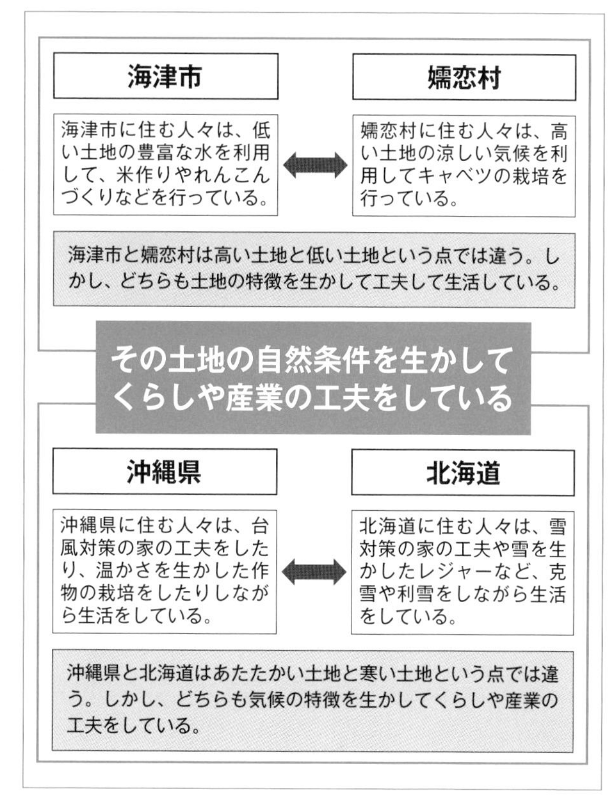

ロイロのカードを使って自分の手元で一人一人が操作することに意味があります。比較の仕方、関連付ける方法なども子供たちは獲得していきます。

5 時間と空間をこえて人とつながる

社会科は人の営みから成り立つ事柄や出来事を対象に学習する教科です。人の姿が見える社会科授業にすることでより身近に、実感的に子供たちは学習することができます。子供たちができるだけ人と触れ合い、人から学べる社会科授業にしたいものです。

ゲストティーチャーとして人に来ていただくことや現地に会いに行くことはハードルが高くなるかもしれません。しかし、zoom等のウェブ会議システムを使用すると、すぐに簡単に人とつながることができます。

リアルな出会いにはかないませんが、オンタイムでつながり、交流できるよさがあります。

資料9　他校と交流している子どもたちの様子（4年生）

また、外部人材だけでなく、他校との子供たちとの交流も考えられます。例えば、それぞれの地域の特色についてお互いが紹介し合い、やりとりすることも考えられます。

ICTを活用することで、子供たちは時間と空間をこえて人とつながることができ、学びを深めることができます。このようなICT活用は、これからの時代を考えた上でも、社会科の中で重要な役割を果たすことになるでしょう。

【未来志向の社会科に向けた課題解決の糸口】

①よりよく問題解決を行い、概念的知識を獲得することにつながるICT活用を意識する。

②どの場面で、どのようにICTを活用することが効果的だったのかを教師が子供に訊くようにする。それぞれの子供が、効果的にICTを活用できたことに対して自覚的に感じ、自ら進んで活用できるようにする。

（宗實直樹）

3
デジタルか、アナログか、ハイブリッドか

課題意識

ICTを子供が活用する際に、「デジタルか、アナログか、ハイブリッドか」という課題意識が生じるのは、それぞれの方法にはそれぞれの利点や欠点があるためです。それぞれの方法に対する考え方や適切な活用方法を理解することで、より効果的な学習や成長を促進できます。

そこで本稿では、デジタルやアナログの特徴を捉えて、子供が適切に選択できるようになるにはどうすればよいのかを考えます。

提案① デジタルとアナログの特徴を捉える

1 デジタルとアナログの特徴

デジタルツールやオンラインリソースは、子供たちにとって便利で情報にアクセスしやすく、多様なコンテンツを提供します。子供たち自身の経験、学習、活動による成果を自分の財産として蓄積・整理・活用するスキルの習得も考えられます。

ただし、過度に使用すると集中力が散漫になる可能性があり、ネットリスクや遊興に走る心配もあります。また、デジタルの操作に慣れていないと、かえって時間が多くかかってしまうこともあります。

一方で、アナログな学習手法は、物理的な操作や直感的な理解を促進し、子供たちの学習に深い関与をもたらします。しかしながら、情報の更新や共有には制約が生じることがあり、また、現代社会で重要なデジタルスキルの習得が不足する可能性も考慮する必要があります。

資料１　問いの後が白紙になっている子供のノート

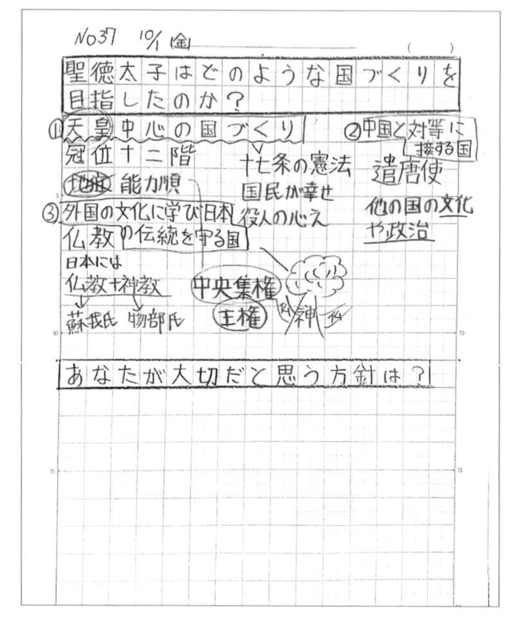

こうした状況を踏まえ、**子供たちの学習においてはデジタルとアナログを組み合わせるハイブリッドアプローチが有効だ**と考えます。これによって、デジタルツールの利点を活かしつつ、アナログな手法を通じてより深い学習体験を提供することが可能になります。

そのために、両者の適切なバランスを見付けることが肝要です。過度なデジタル依存を避け、子供たちが情報を扱うスキルを育む一方で、アナログな手法を通じて創造力や批判的思考を養うことが求められます。

社会科の学習においては、デジタルとアナログの利点を組み合わせ、子供たちが多様なスキルを総合的に育む場を提供することが重要です。適切な指導やガイダンスを通じて、子供たちがデジタルとアナログの両方の世界で成長し、場面に応じて使い分けながら学びを深める姿勢を養うことが目指すべき方向ではないでしょうか。

2　タブレット端末とノートの併用

資料１の子供のノートでは「あなたが大切だと思う方針は？」という問いの後、白紙になっています。

この子は決して手を抜いているわけではありません。ここからはロイロを使って思考しています。

資料２のように①②③の聖徳太子の方針の中で自分が特に大切だと思

資料2　自分の判断を色をかえて提示

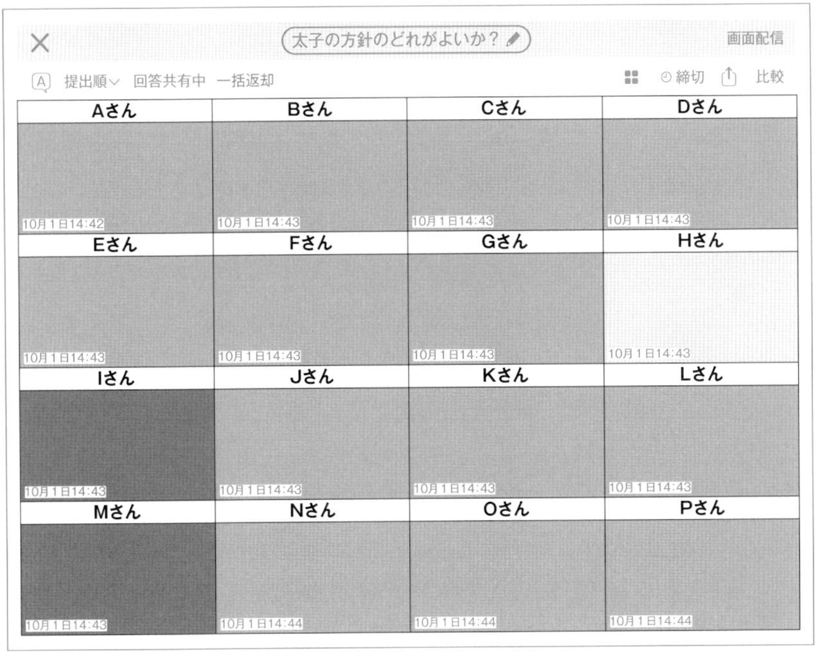

太子の方針のどれがよいか？　画面配信

提出順　回答共有中　一括返却　締切　比較

Aさん	Bさん	Cさん	Dさん
10月1日14:42	10月1日14:43	10月1日14:43	10月1日14:43

Eさん	Fさん	Gさん	Hさん
10月1日14:43	10月1日14:43	10月1日14:43	10月1日14:43

Iさん	Jさん	Kさん	Lさん
10月1日14:43	10月1日14:43	10月1日14:43	10月1日14:43

Mさん	Nさん	Oさん	Pさん
10月1日14:43	10月1日14:44	10月1日14:44	10月1日14:44

うものを判断し、カードの色を変えてロイロの提出箱に提出しました（①がピンクのカード、②が青のカード、③が黄色のカード）。

自分の立場を明確にし、可視化した後、話し合いをします。そして、話し合いを通じて最終的な自分の考えをロイロのカードに書き、**資料3**のようにロイロの提出箱に提出します。

こうすることで、色で可視化された上に子供の考えが明記され、それぞれの主張が分かりやすくなります。これを子供たちの端末上で共有し、お互いの考えが一覧で見られるようにします。

このように、デジタルの端末使用ありきではなく、ノート活用（アナログ）か端末活用（デジタル）かを柔軟に使い分けて活用することが望まれます。二者択一ではなく、目的に応じてどちらを使うかを判断することが重要です。

資料3　話し合い後の自分の考え

聖徳太子の方針のどれが大切だと思うか？理由を書く。（①ピンク②水色③黄色）　画面配信

提出順∨　回答共有中　一括返却　　あと42分54秒　比較

Aさん	Bさん	Cさん	Dさん
理由は天皇中心にすることによって、能力者が自由に動けると思ったからです。なぜなら、天皇中心にすることで能力者がいろんな意見を持ち話し合ったのを天皇が指示することで能力者たちが活発に動けるからです。また、周りの国からは物事を決めたのが能力者ではなく、天皇だと思われるからです。 10月7日15:10	私は、天皇中心の国づくりがいいと思います。なぜなら、天皇中心の国じゃないと、国民を幸せにする17の憲法ができなくなり、争いが増えたかもしれないから、十七条の憲法が必要なので、天皇中心がいいと思います。 10月7日15:12	その当時、天皇より豪族の方が権力が強くなっていた。どんなに能力があっても、家柄によって役人になれなかった人がいっぱいいた。人間は平等であるべきだから①が一番大事だと思う。 10月7日16:53	10月7日16:54
Eさん	**Fさん**	**Gさん**	**Hさん**
私は実力を持っている人が中心のまちづくりがいいと思いました。なぜなら家柄が関係していたら政治が下手な人がなるかもしれないし、実力を持っている人がなったら政治が上手いから上の方まで来れたから確実だと思う。 10月7日17:08	僕は中国と対等に接する国が大事だと思いました。理由はその時中国は日本よりも文化を持っていたし格上の存在だったのでその中国と対等に接される国を作ろうと思ったのはすごいと思いました。 10月7日17:20	日本は当時、他の国に比べて文化や伝統は少ない方だったので他の国に文化や伝統をあげてしまうと武力や権力も下がってしまい、他の国の武力や権力が上がってしまうから（日本が陣地の争いで負けてしまう） 10月7日17:49	天皇が中心だと国もよりよくなっていくと思うし、しっかりしていたら国をまとめてくれる存在だし日本の存在だから。 10月7日18:00
Iさん	**Jさん**	**Kさん**	**Lさん**
私は、①の天皇中心の国づくりがいいと思います。理由は、天皇中心でなければ強い人が中心になっていって好き勝手やりそうだし、冠位十二階みたいに地位じゃなくて能力順でした方がよりよい国が作れると思うから。 10月7日18:12	私は、まず中国と文化を揃えるのが大事だと思います。なぜかというと、その時の日本の技術は、発展していないので、まず、自分たちの文化を取り入れるよりも先に、他の国の文化も取り入れるべきだと思ったからです。それに、日本が、独自の文化を築いたところで、ちゃんと経済が回るとは言い切れないので、ちゃんと政治のことまで考えられている、中国の意見を取り入れるのが正しいと思いました。あと、外国ならではの文化や技術もあったはずだから、参考にすると、より早くまちづくりが進んで多くの人々が、良い暮らしをできるからです。 10月7日18:26	なぜなら②③は国民が幸せになって平和になってからの話だからその前の過程が大事だと思ったから 10月7日18:34	中央集権！ なぜならやっぱり権力はどこか一点に集中していた方が国内分裂も起こりにくいし、政治の方針などを決めやすいから。 10月7日18:45

提案②　効果的な活用は、日常的な活用があるからこそ成り立つものと捉える

デジタルかアナログか、最終的には子供自身が選択できるようになることを目指します。子供が選択できるようになるには、それだけ使いこなせる経験が必要です。つまり、日常的に端末活用をすることで子供はデジタルのもつ特長を意識できるようになります。

中川[①]（2021）は、１人１台の端末が文房具と同様になるかどうかのポイントとして次の２点を挙げます。

- 「あまり制限しすぎないこと」
- 「日常的な活用を推進すること」

「日常的な活用を推進すること」を説明する際に95頁の**資料２**を使用し、「ICT機器が１人１台ではなく、共有だったときはほぼ授業内での効果的な活用のみを検討してきた」と述べます。実際、１人１台端末が

導入された今でも、考える中心は①ゾーンの「授業中での効果的な活用法」が多いのではないでしょうか。

それはもちろん大切なことなのですが、日常的にデジタル端末を活用できるようになるには、むしろ「授業以外の活用」や「日常的な活用」に目を向ける必要性を感じます。「日常的な活用」を十分にしているからこそ、効果的に使えるようになります。③や④のゾーンでの活用もとりあげ、活用例を共有していくことも重要だと考えます。

例えば、以下が挙げられます。

- インターネット検索
- ノートと比べながら端末画面で見る
- 端末に送られてきた資料に書き込む
- 端末を介して説明や話し合いをする
- 意見の理由付け
- アプリの使用
- 社会科テストを取り込んで分析
- QRコードを読み込む
- 板書を撮る
- 資料を拡大して見る

以上は「当たり前のこと」かもしれません。しかし、子供たちにとっては、その経験を積まなければ「当たり前」にはなりません。

デジタル端末導入初期の段階では、日々の授業の中で端末の様々な機能を試しておくことが重要です。子供も試し、教師も試します。その中で使える機能があればどんどん子供たちに紹介していきます。このようなことをくり返すことで「活用」が当たり前になり、子供たちの技能も上がります。「当たり前」を広げ、子供の学びやすさに応じて子供の技能の獲得を図ることも重要です。

日常的に活用しやすい方法は、子供によってそれぞれです。その子にとって何が有効で、日常的に使える方法は何なのかをその子自身が決められることも重要です。「手軽に」「簡単に」「そこにあるのが当たり前」、まさに**端末が文房具化しているかがポイント**です。

授業以外での日常的な活用法は、学校内だけではなく、家庭等様々な場所での使い方があります。子供たちとの普段の何気ない会話の中から意外な活用法が見付かることもあります。

日常の端末活用が授業での効果的な活用につながるとともに、端末活用によって、子供たちの日常が豊かなものになっていくことを願います。

子供たちの日常的活用を通じて、デジタルの特長がより多面的・実感的に理解できるでしょう。それを踏まえてデジタルとアナログ、それぞれの優位性を確認するとともに、子供が目的と場に応じた活用を選択できるようにします。

「この活動ではいろんな資料を関連付けたいから、私は端末（デジタル）を選んでまとめます」などと子供自身が判断し、選んでいる声を多く聞きたいものです。

ICT（デジタル）を使って今までの紙（アナログ）ではできなかった新しい方法を考えることは重要です。逆に、アナログにしかできないこと、アナログだから効果的にできることを見極めて子供が選択できるようにすることが重要です。

【未来志向の社会科に向けた課題解決の糸口】

①アナログかデジタルかハイブリットか、子供がそれぞれの場面において選択的に活用できるようにする。

②そのために、日常的な子供のICT活用を増やして、端末の「文房具化」を当たり前にする。教師は子供たちが日常的にICT活用が可能な環境を整えるようにする。

（宗實直樹）

4

ICT活用は、子供たちの自律的な学びにどうつながるか

課題意識

個別最適な学びでは、自律的に学ぶ学習者の育成を目標にしています。ICT活用が鍵になるにもかかわらず、そこにどのように関係してくるのかが不明瞭になっていると感じています。

そこで本稿では、学習活動や学習形態の変化、学習構造の変化について触れ、それが子供たちの自律的な学びにどうつながるのかを考えます。

提案① 学習形態が変化することを捉える

1 複線型の学習

子供たちが一人一台端末を所持し、前述したようなICT活用を進めると、従来の「単線型の学習」から「複線型の学習」へと変化します。「複線型の学習」について、北（1993）は、次のように述べます。

> （子ども一人ひとりを生かす）ことを実現するためには、従来の授業に対する固定観念にとらわれず、子ども自らの考えや問題意識に基づいて、自らの考えや学習活動をつくり出していけるように、教材や学習活動を子どもが選択する場や機会を設けることが大切である。このことは、**複線型の学習**を展開することである[1]（太字、下線は筆者）

「複線型の学習」とは、「複線」という意味が示すとおり、子供の学習における学習内容や学習活動が同時に２つ以上並行している学習のこと

です。

資料1　学習形態の変化

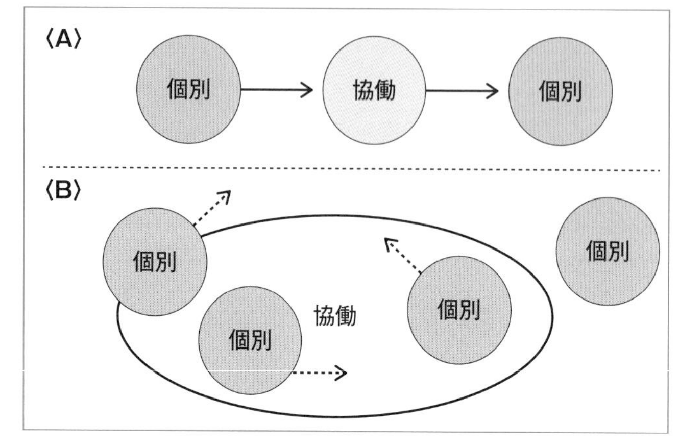

学習問題や教材、学習方法などを画一的にせず、複数用意することが考えられます。子供の意欲、思いや願いに応え、多様な学び方に対応する学習形態です。

1990年代までにも「一人一人の子どもを大切にする」や「個に応じた指導」という名のもとに実践されていましたが、指導レベルでの具体的な工夫が必ずしも明確だったとはいえません。

それまでの授業は、授業を構成する要素（目標、内容、教材、活動、評価、学習環境など）のすべてが画一的で、教員主導の「単線型の学習活動」が中心でした。教員の敷いたレールの上を、すべての子供が一斉に走り出すというイメージです（**資料1**〈A〉）。

それでは子供たちの学習意欲や問題解決能力、社会的なものの見方や考え方が育まれないという指摘から、一人一人の子供の学びに視点をあてるという教員の授業観や子供観の転換が迫られました。そこで「学習の複線化」と呼ばれるような実践が増えてきたのが1990年代でした。

2 選択を取り入れた学習

北は、「学習の複線化」について、次のように定義しています。

「学習の複線化」とは、子ども一人一人の多様な思いや願いに柔軟に応えられるよう、学習を構成する学習問題や教材、学習方法、学習活動、学習環境などそれぞれにおいて、教員が複数のメニューを用意したり、子ども自身が自らの学習計画を立てる場をつくったりするなどして、子どもの多様な学び方に対応できるようにすることである。

「学習の複線化」とは、子供たちが学習する要素が複線化・多様化しているという状況を指す言葉です。一人一人の子供は、多様な学習活動や学習方法などから自己選択し、自己決定しながら活動していきます。

そういう意味で、「学習の複線化」とは、一人一人が問題解決に向けての目的意識をもち、教材や活動などを選択しながら学習に取り組むことだといえます。つまり、「子供による『選択』を取り入れた学習」と言い換えることができます。

一人一人が選択を取り入れた学習を行うので、その学びのあり方も多種多様な形になります。30人いれば30人の学び方が並立することになります。

3 学習の構造変化

学習が複線化すると、学習の構造が変化してきます。

資料1〈A〉のような「個別の学習→協働の学習→個別の学習」といったすべての子供が同じ筋道を通る単線型の学習から、**資料1**〈B〉のように、1時間の中に個別と協働が同時に行われる学習イメージになります。ある子供は一人で調べたりまとめたりし、ある子供は他の子供と相談したり共に調べたりするような状況が教室内に生まれます。

〈B〉のような学習形態になると、社会科で言えば、98頁のような問題解決的な学習の過程を、一人一人がそれぞれのペースで経験することになります。子供が主体となる学習が展開されるようになります。

このような子供主体の学習状況の中で、教員は何をするべきでしょうか。〈B〉のような学習形態になったとき、今までとは違う教員の役割が考えられます。以下、教員の役割について見ていきます。

提案② 教師の役割について捉え直す

1 コーディネーターとしての役割

吉崎静夫（1997）は、授業における教員の役割として、設計者（計画者）、実施者（実践者）、評価者という3つの異なる役割を同時にもっていると述べます[2]。その中の設計者（デザイナー）としての役割の大きさを主張し、教員の新しい役割として「人的ネットワークづくり」と「学習環境づくり」を挙げています。

その「学習環境づくり」の項で挙げられている実践例を紹介します[3]。当時、横浜市立中川西小学校２年生を担任していた中川一史教諭による実践です。

中川西小では、学校の至る所にパソコンが置かれ、全校の子供たちが自由に使うことができる環境になっていました。中川は、パソコンの使い方について何ら規制を加えることなく、子供たちの自由にまかせていました。

中川がパソコンクラブの担当をしている関係で、教室とその近くの廊下には合計６台のパソコンが置かれていました。休み時間になると、１～６年生の子供たちが中川学級と周辺にあるパソコンをめあてにやってくる状況でした。

２学期の半ば頃、パソコンの日本語が読めなくなる、子供の描いた絵のデータが消えてしまうという問題が起きました。原因は１年生による操作ミスでした。

そこで、中川学級で話し合いが行われ、１年生のために「パソコン教室」を開くことを決めました。最初はうまくいきませんでしたが、試行錯誤しながら、休み時間の間に２年生と１年生が異学年で学び合う空間が生まれました。その際、中川は次のように述べます。

「まったく白紙の状態からスタートしても、子どもたちはそれなりに枠を作っていくだろう。それがある程度できたところで、こちらから乗り出していって、パソコンというものを学校生活に位置づけたい。つまり、後追いしつつコーディネートするのが、私の役割と考えたのです」と。

資料2　主体的な学習スペクトラム、溝上（2018）

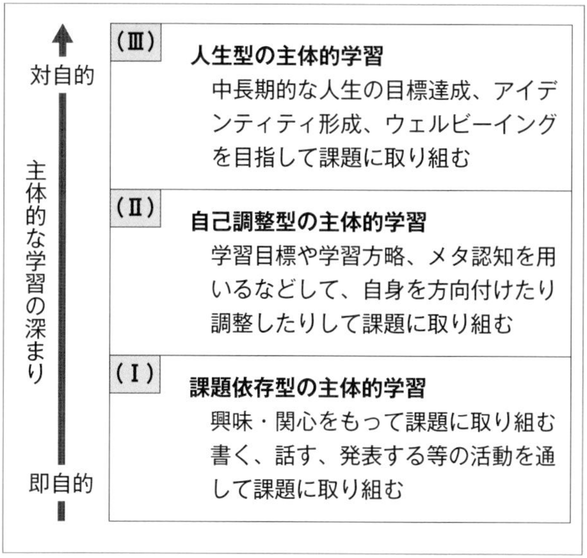

主体的な学習の深まり（即自的→対自的）	
（Ⅲ）	**人生型の主体的学習** 中長期的な人生の目標達成、アイデンティティ形成、ウェルビーイングを目指して課題に取り組む
（Ⅱ）	**自己調整型の主体的学習** 学習目標や学習方略、メタ認知を用いるなどして、自身を方向付けたり調整したりして課題に取り組む
（Ⅰ）	**課題依存型の主体的学習** 興味・関心をもって課題に取り組む 書く、話す、発表する等の活動を通して課題に取り組む

当時と今とでは環境や使用している道具は違いますが、中川の言葉は、教育現場に新しいものが入ってくる際に教員がもつべき考え方だと捉えることができます。つまり、教員が状況に応じながら子供の主体性を育むためにコーディネートしていくことです。このコーディネーターとしての教員の役割が今後さらに必要となるのではないでしょうか。

子供の主体性にもレベル差があります。子供の主体的学習において、どのレベルの子供の主体性を育くむのかを考えなければいけません。溝上（2018）は、**資料2**のように三層に分けた主体的な学習スペクトラムが認められると述べます[4]。この階層に従えば、**資料1**〈B〉のような学習形態における子供の主体的学習では、（Ⅲ）は広義すぎるので（Ⅰ）もしくは（Ⅱ）にあたると考えられます。

全体で解決するべき課題はありますが、一斉授業のように決してその課題のみに依存しすぎている感じではありません。どちらかというと、一人一人が学習方略等を選択して自己決定していく学習になるので、（Ⅱ）の層の意味合いが大きくなります。

では、子供が「（Ⅱ）自己調整型の主体的学習」を行う際の教員の役割とは何でしょうか。それは、子供が自己調整しながら学習を進められるように教員がコーディネートし、子供の学びを支える存在になることだと考えます。もう少し具体的に言うと、**学習目標をより意識できる授業デザインを行い、それぞれの子供が学習方略を選択したり、メタ認知を促したりできる環境づくりをする**ことです。

2 教師がコーディネートするのは何か

95頁で述べたように、ICT活用はあくまでも教科等の目標を達成するために学習活動の質を上げるものでなければいけません。つまり、子供たちがより学習目標を意識できる授業を教員がデザインする必要があります。

そのために、教員によるより深い教材研究が求められます。教材研究を行うことで教育内容が吟味され、学習目標が明確になります。学習目標を設定し、明示的に示すことが教員の重要な役割の一つです。

また、個別学習と協働学習が同時に行われる際、教室内にある受容的な態度と共感的な雰囲気が必要不可欠です。これは、一朝一夕にできあがるものではありません。

日常からルールとリレーションの確立を意識し、心理的安全性を担保できるように努めなければいけません。そのような状況の中でこそ、子供は自ら様々な学習方略を選択し、多様な相手と交わりながら学習を進められるようになります。

加えて、メタ認知は子供自身が容易にできるものではありません。教員による働きかけが必要になります。例えば、**資料3**のような一覧表を用意し、適宜学びを振り返らせるようにすることが考えられます（子供が書き込んだ一覧表は100頁掲載の「資料５　単元の学びの一覧表」を参照）。子供たちが学習ごとに適宜振り返り、単元の学習が終えたときも全体を俯瞰して振り返ることができます。

このように、子供に学習目標を意識させ、学習方略を選べる環境づく

資料3　単元の学びの一覧表（元）

【単元名】人々の願いをなかえる政治			教科書p32～p63
【単元の問い】			
・学習前の考え		・学習後の考え	
①	②	③	④
⑤	⑥	⑦	⑧
【単元のふり返り】			

りやメタ認知の方法を子供に教え、徐々に子供自身ができるように促していくことが重要です。

子供主体の授業形態は、教員が子供にすべてを任せることや、放任することではないことを強く意識したいものです。

【未来志向の社会科に向けた課題解決の糸口】

①ICTの活用による学習形態の変化を意識し、子供たちの「選択」を多く促す学習をデザインする。

②教師の役割を、コーディネーターの視点から捉え直し、子供が学びやすい環境を整えるようにする。

（宗實直樹）

【第４章：参考・引用文献】
［１の参考・引用文献］
①【資料２】文部科学大臣メッセージ　https://www.mext.go.jp/a_menu/other/1413144_00001.htm
②高橋純『学び続ける力と問題解決　シンキング・レンズ、シンキング・サイクル、そして探究へ』東洋館出版社、2022年、26頁
③本校ではロイロノートを使用。ロイロノートとは、株式会社 LoiLo（ロイロ）が提供しているタブレット用授業支援アプリのこと。
④中川一史・赤堀侃司『GIGAスクール時代の学びを拓く！PC1人１台授業スタートブック』ぎょうせい、2021年、16頁
⑤令和２年発行の日本文教出版の『小学社会５年』の中で取り扱われている事例地。低地の岐阜県海津市と高地の群馬県嬬恋村のどちらかの事例地を選択して学習するようになっている。

［２の参考・引用文献］
①筆者は「単元表」と呼んで実践している。「単元表」についての説明や「単元表」を活用した実践事例は、拙著『GIGAスクール構想で変える！１人１台端末時代の社会授業づくり』明治図書出版、2022年に詳しい。

［３の参考・引用文献］
①中川一史、赤堀侃司『GIGAスクール時代の学びを拓く!PC 1人1台授業スタートブック』ぎょうせい、2021年、16頁

［４の参考・引用文献］
①北俊夫『社会科〈関心・意欲・態度〉の評価技法』明治図書出版、1993年、27頁
②吉崎静夫『デザイナーとしての教師 アクターとしての教師』金子書房、1977年、5~7頁
③この実践の様子は『NEW教育とコンピュータ』（1996年５月号、学習研究社）に詳述されている。
④溝上慎一『アクティブラーニング型授業の基本形と生徒の身体性』東信堂、2018年、118~121頁

第5章

これからの社会科で育成を目指す資質・能力はどのようなものか

1

社会科はどのような学力を目指しているのか

課題意識

2017年版学習指導要領では社会科の教科固有の見方・考え方として「社会的な見方・考え方」が示され、小学校社会科と中学校社会科の系統性がより重視されました。小・中学校の社会科の系統性が求められる現在、社会科は最終的にどのような学力を目指すのか、小学校ではどのような力をどこまで育てていけば中学校へとつながるのかについて、あらためて検討することが必要だと思われます。それでは、小学校社会科から中学校社会科までを視野に入れながら形成したい社会科学力を示すとどのような学力を想定することができるのでしょうか。

提案① **学校は生涯学習の基盤づくりの場であり、社会科の学力は子供たちが生涯にわたって必要とするものである**

1 生涯学習の基盤としての社会科教育

2007年に改正された学校教育法（第30条第２項）において、学校教育で重視すべき学力について以下のように示されました。

> 生涯にわたり学習する基盤が培われるよう、基礎的な知識及び技能を習得させるとともに、これらを活用して課題を解決するために必要な思考力・判断力・表現力その他の能力をはぐくみ、主体的に学習に取り組む態度を養うことに、特に意を用いなければならない。
>
> （下線は引用者）

学力の要素として、「基礎的な知識及び技能」「これらを活用して課題を解決するために必要な思考力、判断力、表現力その他の能力」「主体的に学習に取り組む態度」の３つがあげられています。この学力の３要素をふまえ、2017年版学習指導要領（以下、「現行指導要領」という）では、以下の資質・能力の３つの柱が示されました。

- **何を理解しているか、何ができるか**（生きて働く「知識・技能」の習得）
- **理解していること・できることをどう使うか**（未知の状況にも対応できる「思考力・判断力・表現力等」の育成）
- **どのように社会・世界と関わり、よりよい人生を送るか**（学びを人生や社会に生かそうとする「学びに向かう力、人間性等」の涵養）

学校教育法で示された学力の３要素は、これからの日本の学校教育が目指す学力を考えるとき、常に拠りどころとなる学力規定です。また、さらに留意したいことは、下線部分の「生涯にわたり学習する基盤が培われる」という指摘です。学力の３要素は学校で育てたい学力ですが、それは生涯にわたって必要となる力であり、学校は生涯学習の基盤づくりの場として位置付けられています。

これらのことから、社会科で求められる学力も、学校のみならず、子供たちがこれからの社会で生きていくために必要な力であり、生涯学習の基盤になるものだと考えられます。

2 社会科と社会認識（社会を分かる）

一般に社会科は、「社会認識を通して市民的資質（現行指導要領では「公民としての資質・能力」と表記）を育成する」教科だと定義されてきました[①]。これまで様々に取り組まれてきた社会科授業実践も、子供の社会認識（社会を分かる）を常に大切にしてきました。社会科は、子供が社会を分かることを通して資質を養う教科だと考えられます。

社会科で目指す学力を考えるとき、子供の社会認識について検討することが必要になります。また、生涯学習の基盤としての社会科教育を考えるとき、この社会認識についても、子供から大人までの大きな過程の中に位置付けて捉えることが必要でしょう。それでは、子供はどのように社会を分かるのでしょうか、授業を通してどのように社会を分かっていくのでしょうか。

片上氏は、乳幼児から大人（科学者）に至るまでの社会認識を社会認識活動として捉える見方を示しています[②]。

乳児は触れたり、叩いたりしながら直接的に人や物へ働きかけ、大きさや硬さなど対象がもつ性質やそれへの働きかけ方に関する知識を獲得します。幼児は、「なぜなの？」「どうなってるの？」と問いかけながら、幼児なりに社会についての知識を増やします。乳幼児は、触れる、叩くなどの感覚的な運動や問うという「行為」によって、「対象」としての社会（身の回りの環境）を意識し、社会についての「知識」を獲得します。そして、最も自覚的に「対象」を設定して、科学的な「行為（方法）」を用いながら、社会を読み解き、より間違いの少ない「知識」を獲得する社会認識活動を行っているのが社会科学者ということになります。

このように**社会認識とは、学習の主体が「対象」である社会的事象を、ある「行為」によって捉え、社会についての「知識」を作り出す過程として考える**ことができます。「対象―行為―知識」は社会認識活動の一単位であり、子供から大人まで基本的には同じ活動として捉えることができます。

3 社会認識と社会的な見方・考え方

現行指導要領では、小学校社会科から中学校社会科、高等学校の地理歴史科、公民科を学ぶ本質的な意義の中核となるものとして「社会的な見方・考え方」が示されました。ここでは、「対象―行為―知識」を子供の社会認識を捉える枠組みとしながら、社会的な見方・考え方を働かせる学習における「社会を分かる」ことについて考えたいと思います。

中央教育審議会答申（2016年）によれば、「見方・考え方」は「様々な事象を捉える教科ならではの視点と教科等ならではの思考の枠組みである」と示されています。見方・考え方は教科目標である資質・能力を育成するために働かせる教科固有の視点や方法であると規定され、学習の直接の目標としてではなく手段として位置付けられました。

小学校社会科の場合、視点は地理的、歴史的、社会的なものからなり、追究の方法は、社会的事象を見いだすこと、見いだした事象を比較・分類、総合したり、関連付けたりすることと示されています。社会科授業は、ある視点に着目しながら問いを設定し、問いをもとに調べながら社会的事象を見いだし、事象について考察・構想することによって知識を獲得していく、そのような探究過程としてイメージできます。

社会的な見方・考え方とは、「対象」である社会的事象を捉え、社会に関する「知識」をつくり出すための社会科という教科の特質に根差した「行為（方法）」であり、社会の一つの「分かり方」だと考えることができます。

社会的な見方・考え方を働かせる学習とは、このような方法を用いながら、子供が社会を分かるという行為を学習活動として具体化したものだと考えられます。このように、社会的な見方・考え方を働かせる学習においても、子供が「社会を分かる」ことが重視されています。

提案② 生涯学習の基盤となる社会科学力は、「学んだ学力」と「学ぶ学力」の総体として捉えられる

1 社会科授業と社会科学力

社会科の学力は、社会科授業を通して形成される学力です。上述したように、社会科授業は、具体的な社会的事象に対して、問い（学習問題）を設定し、資料等を活用しながら思考・判断し、学習問題を解決するための知識を獲得していく過程だと捉えられます。そして、このような過

程は社会科授業の基本形だと考えられます。なお「問い」は、教師が学習の目標・目的に合わせて意図的に提示する場合もあれば、子供が見いだす場合もあるかと思いますが、いずれにしても問いは学習のスイッチの役目を果たしています。

社会科授業の基本形から想定できる社会科学力の要素として、「社会的事象についての知識」「社会的事象についての思考・判断・表現」「資料活用等の技能を基盤とする思考技能」の３つをあげることができます。次に、このような授業を構成する要素から社会科学力を検討したいと思います。

2 社会科学力の構造

筆者は、小学校社会科から中学校社会科を視野に入れた社会科で目指す学力を想定しながら、そこで形成される諸能力についての調査を共同研究グループで行ってきました。なお、調査の結果については後述する社会科で育成すべき資質・能力の項目で紹介したいと思います。**資料**は調査のもととした「社会科学力の構造」であり、共同研究者である梅津氏によるものです。

資料に示すように、社会科の学力は大きく分けて「学んだ力としての社会科学力」と「学ぶ力としての社会科学力」からなります[③]。前者の学力は、学習評価の観点でいえば「知識・技能」と「思考力・判断力・表現力」といった到達目標としての学力に相当します。その中身は、社会認識力、社会的判断力、批判的思考力からなります。

一方、後者の学力は、学習に対する関心・意欲や粘り強さ、学習の進め方への見通しと振り返り、協働して学習する態度といった「主体的に学習に取り組む態度」にあたります。そして、「学んだ力としての社会科学力」と「学ぶ力としての社会科学力」の総体が社会科で目指す学力であり、「知識・技能」「思考力・判断力・表現力等」「主体的に学習に取り組む態度」を統一的に育成する社会科が求められます。

ここで示した「社会科学力の構造」は、課題意識でも述べたように小

資料　社会科学力の構造

学力内容／学力形成		学んだ力としての社会科学力（狭義の社会科学力）				学ぶ力としての社会科学力
		社会認識力		社会的判断力	批判的思考力	
認識方法・過程		コミュニケーション能力（読む·話す・書く・聞く）				学習に対する関心・意欲や粘り強さ、学習の進め方への見通しと振り返り、協働して学習する態度等
認識方法・過程	思考技能	↓ データの収集、配列、観察、読み取り	↓ 事実の選択、組織、解釈	↓ 主張・事実・理由付けの構成	↓ 主張・事実・理由付けの構成の吟味	⟷
		表現 ↑↓	表現 ↑↓	表現 ↑↓	表現 ↑↓	
認識方法・過程	思考·判断	事実判断（資料にもとづく事実の判断・確定）	推論（事実の因果・意味・特質の解釈）	価値判断・意思決定（論拠·基準にもとづく価値的·実践的判断）	批判（議論構成の正当性・妥当性の吟味）	⟷
認識内容	知　識	個別的記述的知識	個別的説明的知識 一般的説明的知識	評価的・規範的知識	メタ知識	⟷

（社会科学力の構造は、梅津正美「社会科学力としての社会的思考力・判断力」加藤寿朗、梅津正美他著『子どもの社会的思考力・判断力の発達と授業開発ー 歴史的分野を中心としてー 』風間書房、2024 年より引用）

学校社会科から中学校社会科までを視野に入れながら、系統的・発展的な指導の結果として形成したい社会科学力として仮説的に示したものです。

次項では、本項で提案した社会科学力に基づきながら、社会科で育成すべき資質・能力、未来志向の資質・能力を考えてみたいと思います。

【未来志向の社会科に向けた課題解決の糸口】

①生涯学習の基盤となり、小学校から中学校の社会科を通して形成される社会科学力を想定することが必要である。

②社会科学力は、「学んだ学力」と「学ぶ学力」の総体として捉えられる。

（加藤寿朗）

2

社会科でこそ育成すべき資質・能力とはどのようなものか

課題意識

前項では、社会科学力について、社会科つまり小学校社会科と中学校社会科を視野に入れながら、それらが連続・発展するものとして捉え、一体的に検討しました。また、求められる社会科学力について仮説的に示しました。それは、中学校社会科で到達する（すべき）学力を意識することによって、小学校社会科が目指す学力を確認・検討することができると考えたからです。

小学校から中学校社会科を連続・発展的、一体的に捉えた場合、社会科でこそ育成すべき資質・能力はどのような力でしょうか。

社会科でこそ育成すべき資質・能力はどのような力でしょうか。この問いに答えるため、現行指導要領の教育課程で示された資質・能力についてあらためて検討しながら、現在の学校教育が抱えている教育的課題や実践的課題について述べたいと思います。

次に、社会科で育成すべき資質・能力について、前項で仮説的に示した社会科学力と関連付けながら、社会科ならではの資質・能力として具体的に考えてみたいと思います。

提案① 「子供たちの未来のための教育」の実現に向けて、変化の激しい社会を読み解く社会科が求められる

1 子供たちの未来のための社会科教育

現行指導要領では教育課程編成の目標として、①生きて働く知識・技

能、②未知の状況にも対応できる思考力・判断力・表現力等、③学びを人生や社会に生かそうとする学びに向かう力・人間性等の３つの資質・能力が示されました。それではなぜ、「生きて働く」「未知の状況にも対応できる」「学びを人生や社会に生かそうとする」資質・能力の育成が求められるのでしょうか。

前回の教育課程改訂において踏まえられた社会的背景を、キーワードとして示すと「知識基盤社会」でした。今次改訂ではそれに加えて、「グローバル化と情報化」が指摘されています。グローバル化・情報化する社会、それらの進展に伴う変化の激しい社会への対応が教育的課題の一つです。

変化の激しい社会、それゆえ、先を見通すことがますます困難になる社会で、たくましく生きていくことができる資質・能力が求められています。それは、子供たちが大人になる10年後や20年後の将来において、あるいは生涯にわたって必要とされる力だと考えられます。

生きて働く知識・技能や未知の状況にも対応できる思考力・判断力・表現力等を、現在の子供たちにどのように身に付けさせるかが実践的課題です。それは、「子供たちの未来のための教育」の実現だと言えます。ここでは、子供たちの未来のための教育の実現に向けて、社会科でこそ育成すべき資質・能力について考えたいと思います。

2 社会を読み解くための資質・能力

変化の激しい社会、先を見通すことが難しい社会、そのような社会をたくましく生きていくために必要な資質・能力、そして社会科だからこそ育成すべき資質・能力とはどのような力でしょうか。ここではそのような力を「社会を読み解く力」と仮定したいと思います[④]。それでは社会を読み解くための力とはどのような能力なのでしょうか。

前述したように、社会認識活動のスタートは「問い」の発見です。変化の激しい社会を読み解いていくためには、読み解くための問いが必要です。

資料１　社会を読み解くための問いと資質・能力

	問いの類型	具体的な問い	社会的思考力・判断力
①	資料から必要な情報を集めて読み取るための問い	いつ、どこで、誰が、何を、どのように、どのような	社会認識力（事実判断）
②	社会的事象の相互関係や意味・意義、特色を説明するための問い	なぜか、特色は何か、（その結果）どうなるか、（時代の社会の）本質は何か	社会認識力（推論）
③	社会的事象を評価的に判断したり、問題（論争）場面において望ましい行為や政策を根拠にもとづいて選択するための問い	善いか（悪いか）、望ましいか（望ましくないか）、いかに～すべきか、何を選択すべきか	社会判断力
④	知識（情報・解釈・議論・言説）に内在する価値・基準・立場を吟味したり、その組み立ての論理や提示の方法を吟味するための問い	その知識の背後にはどのような価値観や立場性があるか。その知識は、どのような組み立てになっているか、どのような提示の方法をとっているか	批判的思考力

そこで、社会を読み解くために必要な問いとして、**資料１**に示す４つの問いをあげたいと思います。

このような問い（学習問題）を追究していく活動の中で、子供たちが発揮する力、あるいはそのような学習活動の結果として、子供に育つ力が社会科で育成すべき資質・能力だと考えます。**資料１**は、社会を読み解くための問いと、その問いに基づく追究活動によって育成される資質・能力の関係を示しています。

ここでは社会を読み解く力として、①社会認識力（事実判断）、②社会認識力（推論）、③社会的判断力、④批判的思考力の４つの力を想定し、このような力を総称して「社会的思考力・判断力」と呼びたいと思います。

次に、社会を読み解く力としての社会的思考力・判断力について、社会科授業をイメージしながら具体的に検討してみたいと思います。

提案②　社会を読み解く社会科では、社会的思考力・判断力の育成が必要である

社会的思考力・判断力は、前項で示した社会科学力の構造における

資料2　社会認識力（事実判断）に関するテスト問題

> 下に示している教科書のイラストは、鎌倉時代の武士の館を描いたものです。「武士とは何だろうか」という問いに対して、このイラストから武士の姿を読み取り、それをできるだけたくさん答えて下さい。
>
> （イラストは省略）

「学んだ力としての社会科学力」であり、狭義の社会科学力だと考えられます（125頁の**資料**を参照）。「学んだ力としての社会科学力」と「学ぶ力としての社会科学力」の総体が社会科でその形成を目指す学力だと考えますが、ここでは子供の社会認識活動に着目し、「学んだ力としての社会科学力」である社会的思考力・判断力を取り上げます。なお、総体としての社会科学力については、次項で述べたいと思います。

社会的思考力・判断力とは何か、どのような要素からなるのかについて、歴史学習の授業場面を想定しながら考えてみたいと思います。ここでは、授業の一場面をテストの形で表現していますが、テストの内容・流れを実際の授業場面に変換しながらイメージしてもらえたらと思います。

なお、授業場面をテストで表現するのは、テストを評価法の一つとして捉えるだけではなく、子供の資質・能力を育成する学習指導法としてのテストの「機能」について、再評価したいと考えるからです。

1 社会認識力（事実判断）とはどのような能力か

社会認識力としての「事実判断」とは、社会的事象に関する事実を資（史）料に基づいて見いだす（確定する）能力だと考えられます。**資料2**は、歴史学習において事実判断をする場面を示したテスト問題です。

この問題に対して、子供は、例えば武術の鍛錬や武士同士の主従関係、地域の支配者（領主）としての武士、武士の館や生活、くらしの中の動物等を観点にして武士らしさ（姿）に関する事実をイラストから読み取っていきます。

資料3　社会認識力（推論）に関するテスト問題

> 元寇とは、日本の鎌倉時代に、当時中国大陸を支配していた元による2度の襲来のことです。元の襲来は、幕府軍の抵抗や、台風の影響もあって失敗に終わりましたが、鎌倉幕府が衰える大きな原因になりました。
> 資料1は、御家人の竹崎季長が、元軍と戦っている様子を描いた絵です。また資料2は、元との戦いの後、鎌倉へ出かけた季長が、幕府に対して恩賞を要求している様子を描いた絵です。
> 竹崎季長は恩賞をもらうために、何と言ったと思いますか。あなたが季長になったつもりで、その願いを幕府に説得できように主張して下さい。
> （資料1と資料2は省略）

「武士とは何だろうか」という問い（学習問題）を追究していく活動の中で子供たちが発揮する力、あるいはそのような学習活動によって子供に育つ力が社会認識力（事実判断）だと考えることができます。その結果、歴史的（社会的）事象に関する事実そのものを記述した知識を獲得するのだと考えます。

2 社会認識力（推論）とはどのような能力か

社会認識力としての「推論」とは、読み取り、見いだした社会的事象の事象間の関係や事象の意味、意義、特色などを、帰納的に、あるいは演繹的に推論することを通して解釈し説明できる能力だと考えられます。**資料3**は、歴史学習において推論する場面を示したテスト問題です。

この問題に対して、例えば次のような回答が考えられます。

「私は元軍が九州に攻めてきたとき、幕府（将軍）をお守りするため先頭をきって戦いました。元軍は今まで見たこともないような武器を使い集団で攻めてきましたが、私は恐れることなく命がけで戦い、敵を追い払うことができました。これまでは戦いの手がらに対して必ず恩賞がありましたが、今度の戦いではなぜ恩賞がないのでしょうか。

このままでは私たち御家人の幕府をお守りする気持ちも揺らいでしまいます。どうか私の働きにふさわしい恩賞をいただきたくお願いいたし

資料４　社会的判断に関するテスト問題

源義経は、一ノ谷の戦いや壇ノ浦の戦いで平氏を破り、平氏打倒のために中心的な役割を果たしました。平氏の滅亡後、義経は、鎌倉の源頼朝の許可を得ることなく後白河法皇から高い官位を受けました。勝手に官位を受けたことに兄の頼朝は怒りました。そして、義経が鎌倉へ入ることを止めてしまいました。
問１：あなたは、頼朝が「義経の鎌倉入りを許さない」と決断したことをどのように考えますか。
① 正しい判断である。
② 間違った判断である。
③ どちらとも言えない。
問２：あなたはなぜそのように考えましたか。

ます」
このように見いだした元寇に関する事象・事実をもとに、帰納的に推論することを通して解釈し、説明する活動の中で子供に育つ力が社会認識力（推論）だと考えることができます。推論した結果、事象に関する事実を解釈し、事象の相互関係や意味・意義、特色などを説明した概念的な知識を獲得すると考えます。

3 社会的判断力とはどのような能力か

社会的判断力とは、社会的（歴史的）論争問題に対応する複数の政策・行為の選択肢を、事実を根拠に評価（価値判断）し、選択（意思決定）していく能力だと考えられます。**資料４**は、歴史学習において価値判断・意思決定する場面を示したテスト問題です。
この問題に対しては、例えば次のような回答が考えられます。

問１：①
問２：義経は京都（朝廷）の影響を受けているので、鎌倉のご恩と奉公にもとづく将軍（頼朝）と御家人との主従関係がくずれてしまうと考えられるからだ。

このように、社会的判断力とは、論争問題に対して実際に子供が価値判断・意思決定していくことによって習得する能力だと考えられます。その結果、事象の背景・要因を踏まえて価値的・実践的に判断した知識を獲得するのだと考えます。

4 批判的思考力とはどのような能力か

批判的思考力とは、文字・図像・映像・音声などにより示される、社会的事象に関する知識（情報・解釈・議論・言説）の背後にある価値や基準、立場、あるいは知識の示し方を、社会の特質と関わらせて読み解き吟味していく能力だと考えられます。**資料5**は、歴史学習において批判・吟味する場面を示したテスト問題です。

この問題に対しては、例えば次のような回答が考えられます。

「日本の政府が、第二次世界大戦が終わるまで侵略の対象としていた中国や朝鮮（韓国）に対する日本国民の敵対心をあおり、国民の団結をはかるとともに、政府の政策への支持を取りつける」

このように情報や言説に含まれる価値や立場を批判的に吟味する活動の中で子供に育つ力が批判的思考力だと考えることができます。その結果、知識の背後にある価値観や立場性などを吟味し解釈した知識を獲得すると考えます。

5 社会的思考力・判断力と社会的な見方・考え方

本稿では、社会を読み解くための力として社会認識力（事実判断・推論）、社会的判断力、批判的思考力からなる社会的思考力・判断力を仮説的に示しました。社会的思考力・判断力の育成は、社会的な見方・考え方を働かせる学習、つまり、小学校社会科の場合は**「社会的事象を見いだすこと、見いだした事象を比較・分類、総合したり、関連付けたりすること」によって培われる資質・能力だ**と考えることができます。

なお、批判的思考力の育成については、次項でさらに検討したいと思

資料5　批判的思考力に関するテスト問題

「元寇」という歴史用語についての先生と子どもによる以下の会話文を読んで、文中の［　　］の中に入れる言葉を考えなさい。

さとるさんが作った年表	
1867	明治維新
1890〜	日清戦争が始まる(〜1895)
1895	下関条約を結ぶ
1904〜	日露戦争が始まる(〜1905)
1910	韓国を併合する
1931	満州事変がおこる
1937〜	日中戦争が始まる(〜1945)
1945	第二次世界大戦が終わる

先　生：「元寇」については、歴史学習でも勉強したと思います。「元寇」という出来事についてどのようなイメージを持っていますか。

さとる：日本が元に支配されることを断ったために元軍の攻撃を受けたので、日本が元に侵略されたというイメージが強いです。

まさみ：私は漢字の意味を調べてみたんだけど、「元寇」の「寇」の字は、どろぼう、強盗を意味しています。元軍は「悪者」というイメージが強いね。

先　生：実は、「元寇」という歴史用語は、幕末から明治以降によく使われるようになり、国民の間にも定着していきました。元軍との合戦のことを、その当時は「蒙古合戦」と呼んでいました。現在では、「元寇」と「蒙古襲来」の両方の用語が使い分けられています。どうして、この時期に「元寇」という言葉が使われるようになったのかな。

さとる：ぼくは、この時期の年表を作ってみました。

まさみ：私は、幕末から明治以降の時期に「元寇」という言葉が使われるようになったのは［　　］のねらいがあったのではないかと思います。

先　生：「元寇」という用語の使い方と歴史的な出来事についてのイメージとは深く結びついているようですね。

います。

社会科で育成すべき資質・能力を考えるとき、それは社会的な見方・考え方を働かせる学習によって培われる資質・能力として具体的に検討することが必要だと考えられます。

【未来志向の社会科に向けた課題解決の糸口】

①変化の激しい社会を生きていくための教育（未来のための教育）が目指されており、社会を読み解く社会科が求められる。

②社会を読み解く社会科では、社会的思考力・判断力の育成が求められる。

（加藤寿朗）

3

未来志向の資質・能力をどのように描くのか

課題意識

前項では、現在の教育課程が目指す「未来のための教育」を社会科として具体化していくためには、社会を読み解く社会科が求められること、また、社会を読み解く社会科には社会的思考力・判断力の育成が必要であることを述べました。しかし、実際の子供は社会的思考力・判断力をどのように身に付けているのでしょうか。子供の姿・実態から考えられる未来志向の資質・能力とはどのようなものでしょうか。

ここではまず、社会的思考力・判断力を取り上げながら、未来志向の資質・能力について検討します。次に、社会的思考力・判断力に関する子供の実態についてふれながら、小学校から中学校社会科までを視野に入れた資質・能力の系統性やその指導について検討します。最後に、「学んだ力としての社会科学力」である社会的思考力・判断力と、「学ぶ力としての社会科学力」である主体的に学習に取り組む態度との関係についてふれながら、社会科でその形成を目指す総体としての学力について考えます。

提案① **社会科で育成すべき未来志向の資質・能力とは、変化の激しい社会の本質を見抜く力である**

1 未来志向の資質・能力、社会科ならではの資質・能力

現在、子供たちの未来のための教育が求められており、それは変化が激しく先を見通すことがますます困難な社会において、子供たちがたくましく生きていくために必要な教育でした。そのような未来志向の教育

において社会科で育成すべき資質・能力は、社会を読み解く力であり、社会的思考力・判断力の育成が求められます。

そこでここでは、未来志向の資質・能力について、社会的思考力・判断力の中で、特に批判的思考を取り上げて考えてみたいと思います。なぜなら、この能力がこれからの社会を読み解くために必要となる社会科ならではの資質・能力の一つだと考えるからです。

前項では、社会的思考力・判断力を構成する能力である社会認識力（事実判断）、社会認識力（推論）、社会的判断力、批判的思考力について、授業場面（テスト）をイメージしながら説明しました。そして、例えば「事実判断」によって見いだした社会的事象をもとにしながら、その事象の背景や意味・意義などを「推論」するように、それぞれの能力は相互に関連していることが想定されます。このように考えると、社会的思考力・判断力を構成する能力の中で、批判的思考力は最も高次の能力ではないかと思われます。

批判的思考力は、これまでにも教科固有、あるいは教科横断的な高次の認知的スキルとして、意思決定、問題解決、自己調整などとともに育成すべき能力として指摘されてきました。例えば、国立教育政策研究所は、今後の教育課程編成でその育成が求められる資質・能力として「21世紀型能力」を示しており、批判的思考力もその中に位置付けられています[⑤]。しかし、批判的思考力は多義的に用いられることが多く、どのような思考力なのか、その内実を定めにくい能力だと思われます。

2 社会の本質を見抜く力としての批判的思考力

認知心理学者の道田氏は、批判的思考力とは「ものごとを無批判的に鵜呑みにしたり、飛躍した論理に基づいて結論を出すような思考とは反対の思考」であり、「見かけに惑わされず、多面的に捉えて、本質を見抜く」力だと述べています[⑥]。そして、批判的思考は知識・技能や論理的思考、態度等を含む複合的な能力だと指摘しています。

現在、SNSなどで拡散するフェイクニュースが社会問題となっていますが、多くの情報には、それを発信する側の意図が込められています。前項で示した批判的思考力のテストにおける問題場面のように、宣伝や情報、言説等の背後にある意図を慎重に読み解くことがたいへん重要になる場合があります。そのようなときに、「その情報の背後にはどのような価値観や立場性があるか」「その情報は、どのような組み立てになっているか」と問いながら、知識（情報・言説など）に含まれる価値・基準・立場や組み立て方を吟味する批判的思考力は、変化の激しいこれからの社会を生きていくために必要となる能力だと考えられます。そして、このような批判的思考力は社会科だからこそ育成すべき力だと言えます。

子供たちの未来のための教育（未来志向の資質・能力の育成）には、「生きて働く」「未知の状況にも対応できる」「学びを人生や社会に生かそうとする」資質・能力の育成が求められます。そのような教育が求められるとき、社会の本質を見抜く力としての批判的思考力は、社会科ならではの資質・能力であり、その育成が求められるのだと考えます。

未来志向の資質・能力は小学校から中学校社会科までの系統性を踏まえて描くことが必要である

1 未来志向の資質・能力と子供の実態

社会的思考力・判断力は、社会認識力（事実判断・推論）、社会的判断力、批判的思考力などの諸能力からなる力として想定しました。これらの能力を小学校から中学校社会科にかけてどのように系統的に育成していけばよいのでしょうか。それを考えるためには、これらの能力を子供がどの程度習得しているのか（習得していないのか）、能力は相互に関係があるのか（それぞれが独立しているのか）、といったことの検討が必要になります。

前述したように筆者らは、社会的思考力・判断力を構成する諸能力を子供がどのように習得しているのか、中学１～３年生を対象に調査をしました⑦。ここでは、社会的思考力・判断力の系統性やその指導に関わる調査結果として、次の3点を紹介したいと思います。

- 社会的思考力・判断力の習得は、学年進行とともに高くなる。ただし、社会認識力（事実判断）の能力には学年差は見られないこと。
- 社会的判断力の育成には社会認識力（推論）の育成が、批判的思考力の育成には社会認識力（推論）や社会的判断力の育成がその基盤となること。
- 社会的判断や批判的思考を実際に経験することによって、社会的判断力や批判的思考力を育成することができること。

2 小学校から中学校社会科までの資質・能力の系統性とその指導

社会的思考力・判断力に関する中学生の実態調査から考えられる、社会的思考力・判断力の系統性とそれを踏まえた指導について考えてみたいと思います。

まず、社会的思考力・判断力は、学年進行とともに高くなることから、社会認識力（事実判断）、社会認識力（推論）、社会的判断力、批判的思考力などの諸能力を活用した学習を小学校から中学校社会科まで系統的・発展的に行うことが必要だということです。一方、社会認識力（事実判断）のように中学生段階では既に一定程度習得できている能力もあることから、**社会的事象に関する事実を資料等に基づいて見いだす活動は、小学校社会科においてより重点をおいて指導すべきだ**と考えられます。

次に、社会的思考力・判断力を構成する社会認識力（事実判断）、社会認識力（推論）、社会的判断力、批判的思考力は、それぞれが独立した能力ではなく、相互に関連付いた能力であるということです。

このことから、社会科学習においては社会的事象を見いだすこと、見いだした事象間の関係や意味、意義、特色などを推論すること、事象の背景・要因を踏まえて価値的・実践的に判断していく学習を連続・発展的に行うことが必要だと考えられます。また、小学校社会科から中学校までこのような学習経験を繰り返し積むことも必要だと考えられます。

さらに、社会的判断や批判的思考のように、実際にそのような学習活動を経験することが必要な能力もあるということです。このことは逆に、これらの能力は経験しなければ育ちにくい能力だと考えることができます。批判的思考力は社会的思考力・判断力の中で、最も高次の能力であり、より系統的な指導が求められます。特に小学校社会科では、社会認識力（事実判断）、社会認識力（推論）、社会的判断力を育成する社会科学習を充実させることが批判的思考力の育成につながると思われます。

具体的には、各種の資料から必要な情報を集めて読み取る活動（事実判断）、社会的事象や問題に対して「なぜ、どうして」と問いかけ、推論によって社会的事象や問題の背景を熟考する活動（推論）、異なる立場から多角的に考え、有効な解決策を選択・判断する活動（社会的判断）、さらに自分なりの意見や考えをもち、他者に伝え合うことによりお互いの考えを深めていく活動（表現）などがその育成の基盤になると思われます。

3 「学んだ力としての社会科学力」と「学ぶ力としての社会科学力」

本章では、社会科で育成すべき資質・能力として社会的思考力・判断力を取り上げました。社会的思考力・判断力は、先述した社会科学力の構造では、「学んだ力としての社会科学力」であり、狭義の社会科学力だと考えられます（125頁の**資料**を参照）。

しかし、社会科で目指す学力（広義の社会科学力）とは、「学んだ力としての社会科学力」（以下、「学んだ学力」という）と「学ぶ力としての社会科学力」（以下、「学ぶ学力」という）の総体だと考えられます。「学ぶ学力」とは、学習に対する関心・意欲や粘り強さ、学習の進め方への見通しと振り返り、協働して学習する態度といった「主体的に学習に取り組む態度」に関わる学力です。

最後に、「学んだ学力」と「学ぶ学力」の関係、総体としての社会科学力について、最初の課題意識であげた「子供の姿・実態から考える資質・能力」という観点から検討したいと思います。

先ほど取り上げた筆者らが行った調査においては、社会的思考力・判断力と社会的事象に対する関心・意欲や社会的事象に対する主体的な学習態度との関係について調べています。ここでは、社会的思考力・判断力を構成する諸能力の中で最も高次の能力として想定され、また社会の本質を見抜く力として未来志向の資質・能力だと考えられる批判的思考力を取り上げます[7]。

調査では、批判的思考力が高い子供ほど社会的事象に対する関心・意欲や社会的事象に対する主体的な学習態度が高い関係にあることが分かりました。そして、社会科授業実践によって批判的思考力を育成すれば、子供の学校生活や周囲の社会的な事象に対する関心・意欲を高め、身のまわりや社会的な事象を積極的に理解しようとする社会的事象に対する主体的な学習態度の形成につながる可能性が高いことも示されました。

社会科は、「社会認識を通して市民的資質を育成する」教科だと定義されます。つまり、子供が社会を分かることを通して資質を養う教科だと言えます。本章では、社会を分かる（＝社会を読み解く）ために必要な力として社会的思考力・判断力を取り上げましたが、「学んだ学力」である社会的思考力・判断力の育成は、「学ぶ学力」である主体的に学習に取り組む態度の形成と強く関係しています。

これらのことから、「知識・技能」「思考力・判断力・表現力等」「主体的に学習に取り組む態度」を統一的に育成する社会科、社会認識を通して市民的資質を育成する社会科授業実践が求められます。

【未来志向の社会科に向けた課題解決の糸口】

①批判的思考力は、社会の本質を見抜く能力であり、社会科で育成すべき未来志向の資質・能力の一つである。

②「知識・技能」「思考力・判断力・表現力等」「主体的に学習に取り組む態度」を統一的に育成する社会科、社会認識を通して市民的資質を育成する社会科授業実践が求められる。

（加藤寿朗）

【第５章：参考・引用文献】
［１の参考・引用文献］
①内海巌編著『社会認識教育の理論と実践－社会科教育学原理－』葵書房、1971年
②片上宗二「子供の社会認識とその発達」『茨城大学教育学部教育研究所紀要』11号、1978年
③「学んだ力」と「学ぶ力」については、以下の文献を参照しました。
＊市川伸一『学ぶ意欲とスキルを育てる－いま求められる学力向上策－』小学館、2004年

［２の参考・引用文献］
④「社会を読み解く力」については、以下の文献を参照しました。
＊小原友行編著『「思考力・判断力・表現力」をつける社会科授業デザイン　小学校編』明治図書出版、2009年

［３の参考・引用文献］
⑤国立教育政策研究所『教育課程の編成に関する基礎的研究 報告書５』2013年
⑥道田泰司「批判的思考」森敏昭編『認知心理学者が語る 第３巻 おもしろ思考のラボラトリー』北大路書房、2001年
⑦これらの調査の詳細については、以下の文献を参照ください。
＊加藤寿朗、梅津正美他著『子どもの社会的思考力・判断力の発達と授業開発－歴史的分野を中心として－』風間書房、2024年

第6章

教科横断的な内容において社会科はどのような位置付けがよいのか

1

教科横断的なカリキュラムに社会科を関連付ける際、どのような設計がよいか

課題意識

社会科は、他教科と連携して環境教育や国際理解教育、伝統文化教育など、教科横断的な「○○教育」の一翼を担うことが多い教科です。そのため「あれもこれも社会科」などと無理矢理に関連付けてしまうと、教科の目標が曖昧になることが懸念されます。

そこで本稿では、教科横断的な資質・能力を育成するカリキュラムと社会科の関係について考えてみます。

教科横断的な「○○教育」を進めるに当たって留意すべきことは、それぞれの教科等の目標と「○○教育」の目標をそれぞれ明確にすることです。もし不明確なままであれば、授業のねらいが曖昧になります。

提案① 「○○教育」の目標は総合的な学習の時間の目標をベースにして考える

例えば教育委員会に届け出る「自校の教育課程」は、教科等の目標、内容、時間数をまとめたものだと思います（年間指導計画という形で提出）。それに対して、いわゆる「○○教育」については、固有の時間数を明記されることはないことから、「指導計画上の時間数にのみ着眼すると、『○○教育』の時間は存在しない」ことになります。

すなわち、「○○教育」は、あくまでも各教科等を横断して目標に迫ろうとするカリキュラムなので、各教科等の時間数を使うことになります。したがって、目標と内容については独自に考えることはできても、カリキュラム上の時間数は各教科等の時間数の組み合わせになるわけです。

1 カリキュラムの軸を踏まえる

現状、「○○教育」の柱（カリキュラムの軸であり時間数を一番使用する領域）は総合的な学習の時間に位置付けていることが多いでしょう。こうしたことから、「○○教育」の目標は、総合的な学習の時間（以下、本稿では「総合」という）の目標をベースにして考えるのが実際的であると考えます。

さて、総合の目標は、次のように示されています。

探究的な見方・考え方を働かせ、横断的・総合的な学習を行うことを通して、よりよく課題を解決し、自己の生き方を考えていくための資質・能力を次のとおり育成することを目指す。

(1) 探究的な学習の過程において、課題の解決に必要な知識及び技能を身に付け、課題に関わる概念を形成し、探究的な学習のよさを理解するようにする。

(2) 実社会や実生活の中から問いを見いだし、自分で課題を立て、情報を集め、整理・分析して、まとめ・表現することができるようにする。

(3) 探究的な学習に主体的・協働的に取り組むとともに、互いのよさを生かしながら、積極的に社会に参画しようとする態度を養う。　（下線は筆者）

おそらくどのような「○○教育」も、総合の目標のように課題解決力や主体性、社会への参画意識の育成が目指されていると思います。なぜなら「○○教育」はそもそも、単一教科では解決し得ない実社会や実生活とつながる問題や課題を扱うことを意図しているからです。

2 知識に関わる資質・能力には、「○○教育」で重要になる概念を

３つの資質・能力の柱で考えてみると、「○○教育」ごとの特質は「知識」の違いに表れるのだろうと思います。

そこで、前述の総合の目標の下線部に、「○○教育」で重要なキーワードを入れてみるとよいのではないでしょうか。例えば、「国際理解教育」であれば、「国際交流の意義や共生の在り方などに関わる概念を形成し」、「環境教育」であれば「自然環境の価値や人間の関わり方、自然事象相互の関連などに関わる概念を形成し」といった具合です。

そのような位置付けにすれば、総合の学習を中心にして時間数を使用する自然なカリキュラムとなり、もし仮に各教科等を関連付ける場合にも、３つの資質・能力の柱は共通なので目標がつながりやすく（結び付けて考えやすく）なると思います。

提案②　各教科等の授業を関連付けて実施する場合には、当該教科の目標を優先し、「○○教育」の目標については「視点」として位置付ける

総合の時間を使って「○○教育」を進める場合には、上記のように総合の目標をそのまま位置付けて行うことができますが、総合の時間以外の教科等を関連付けて授業（１単位時間）を行う際には、当該教科等の目標を優先する必要があります。その理由は先に述べたとおりです。

そのため、（総合の時間以外で）教科等の１単位時間の授業の目標に「○○教育」の目標を位置付ける際には、「○○教育」の目標や内容などを踏まえ「視点」として位置付けることが必要です。

例えば、「国際理解教育の視点：日本の文化と外国の文化の異同を考える」（社会科：小学校第６学年）、「環境教育の視点：命あるものの価値や人間としての関わり方を考える」（道徳：小学校第３学年）といった案配です。

1 資質・能力に目を向けてカリキュラムをマネジメントする

このように考えてみれば、教科横断的なカリキュラムを構成する際のカリキュラム・マネジメントは、教科等ごとの内容や教材の配列の工夫よりも（これも必要ですが）、教科等ごとの資質・能力の関連性に目を向けることが大切であることが分かると思います。

資料　社会科の授業で「○○教育」の視点を取り入れた授業（単元）イメージ

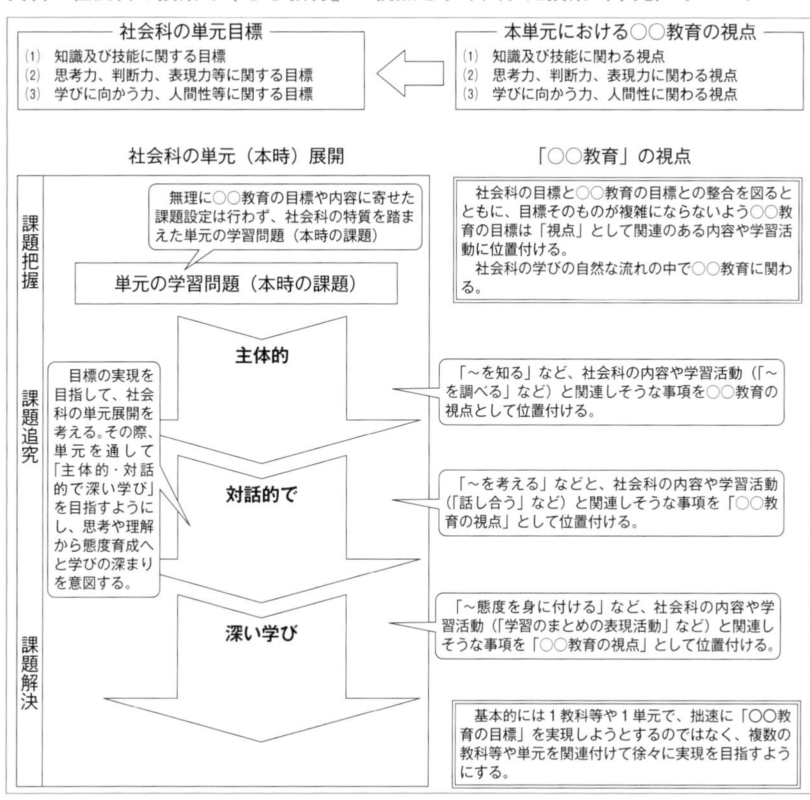

例えば社会科は、比較したり関連付けたりする思考力、選択・判断する能力、社会参画に向かう態度など他教科等と共通する要素や関連する要素が多い教科です。こうしたことから、**教科横断的な視点で社会科を位置付けたカリキュラム・マネジメントを行う際には、資質・能力の関連性を明確にすることが欠かせない**のです。

2 社会科単独でも目指せる「○○教育」

「○○教育」は、社会科単独で実践することも考えられます。社会科の単元を軸にして、**資料**のように「○○教育」の視点を取り入れる方法です。

まず単元レベルでは、社会科の目標と「○○教育」の目標とで関連する事項を明確にしておきます。その上で、単元の指導計画については社会科を軸にして作成します。そこに「○○教育」の目標や内容と関連する事項を「視点」として入れ込んでいくという順序です。

その際にも、内容や時間のまとまりとしての「単元」を見通して、主体的・対話的で深い学びの実現を目指すことは欠かせません。また、当然ながら社会科における各学年の内容の全てが「○○教育」に関連するわけではありませんので、無理に関連付けることのないよう見極めが大切です。

例えば、社会科の第４学年の「県内の文化財や年中行事」は、伝統文化教育との親和性が高く、単元全体の内容が関連すると考えられますので、社会科の単元を軸に考えることができます。

ただし、そうした例はそう多くはありませんし、一部の内容のみが関連するほうが圧倒的に多いのが現状です。例えば、防災安全教育を例に挙げると、社会科第５学年の「国土の自然災害」では地理的環境や災害対策などの内容だけが関連します。そのため、やはり総合を軸にして、そこに複数教科等を関連付けてカリキュラムを考えるほうが現実的でしょう。

提案③ 教科横断的なカリキュラムに社会科を関連付ける際には、社会科の「内容」や「教材」を強く意識する

総合を軸にして教科横断的なカリキュラムを考える際、話し合う・議論する力や調べる技能だけを取り出して社会科と関連付けることは避けたほうがよいでしょう。そうしてしまうと、社会科の時間数だけを都合よく使用する感が強くなり、社会科の目標を実現することはできません。なぜなら教科・社会科の目標は、あくまでも学習指導要領に規定する３つの資質・能力の柱が相互に関連付いてはじめて実現されるからです。

こうしたことから、社会科を関連付けた「○○教育」のカリキュラムを考えるのであれば、やはり社会科の「内容」や「教材」が鍵になります。社会科の立場から見ても、**内容や教材を中心にして関連付けるので**

あれば、各教科等の知識と社会科の知識が結び付いて豊かに子供に届き、社会科と「○○教育」との間で、いわゆるWin-Winの関係が成立すると言えます。

1 「○○教育」の要素が含まれる社会科の「内容」

例えば、第４学年の「(2) 人々の健康や生活環境を支える事業」や第５学年の「(5) 我が国の国土の自然環境と国民生活との関連」は、もともと「環境教育」の要素が含まれる「内容」です。加えて、第５学年の内容「(4) 我が国の産業と情報との関わり」では「情報教育」の要素が、第６学年の内容「(3) グローバル化する世界と日本の役割」では「国際理解教育」の要素がそれぞれ含まれる内容です。

このように社会科には、教科横断的な「○○教育」の要素が含まれる「内容」が多くあります。

2 目標や価値概念を基にした教科横断的なカリキュラムの場合

ESDやSDGsのように、普遍的な価値概念等を軸にした教科横断的なカリキュラムを考える場合もあります。この場合も、例えばSDGsであれば、社会科の内容や教材に17の目標を視点として位置付けて考えることが肝要です。

例を挙げると、次のような関連付けが考えられます。

○第３学年の「市の様子の移り変わり（まちの発展への住民の願い等）」において、目標11「住み続けられるまちづくりを」を視点とする
○第４学年の「飲料水の供給（水の循環、節水等）」において、目標６「安全な水を世界中に」を視点とする
○第５学年の「森林資源の働き（森林の恵み等）」において、目標15「陸の豊かさも守ろう」を視点とする
○第５学年の「食料生産（消費者ニーズ、フードロス等）」において、目標12「つくる責任つかう責任」を視点とする

○第５学年の「農業生産（持続可能な農業等）」において、目標２「飢餓をゼロに」を視点とする
○第５学年の「水産業（資源管理等）」において、目標14「海の豊かさを守ろう」を視点とする
○第５学年の「公害の防止（都市型公害等）」において、目標11「住み続けられるまちづくりを」を視点とする
○第６学年の「我が国の政治の働き（社会保障、地域の開発や活性化等）」において、目標３「全ての人に健康と福祉を」や目標11「住み続けられるまちづくりを」を視点とする

（　）内は教材

視点として位置付けるといっても、単元の内容全体に関連付ける必要はなく、一部の内容や特定の教材に関連付けたり、一部の時間で取り上げたりすればよいのです。

このように考えれば、SDGsの「目標」を「視点」として取り入れることで、持続可能な社会を考えるこれからの社会科の「内容」のヒントにすることできるでしょう。

【未来志向の社会科に向けた課題解決の糸口】

①教科横断的な「○○教育」の目標は総合の目標をベースにして考える。そこに、関連付けて各教科の授業を行う際は、その教科の目標を優先し、「○○教育」の目標は「視点」として位置付ける。
②教科横断的な「○○教育」などのカリキュラムに社会科を関連付ける際には、社会科の「内容」や「教材」を強く意識することが大切である。

（澤井陽介）

2

教科横断的なカリキュラムに社会科を関連付けると、社会科授業の何が変わるのか

課題意識

教科横断的な資質・能力を育むカリキュラムの研究は、(校内研究等で) 総合的な学習の時間 (以下、「総合」という) を研究する学校の減少とともに、以前に比べてやや下火になっている感があります。しかし第2章で述べたように、これからの教育が目指す方向を考えれば、今一度見直すべき事項であろうと思いますし、そのことがこれからの社会科にとっての充実策になってほしいと願います。本稿ではその可能性を探ります。

次頁の**資料1**は、中央教育審議会教育課程部会総則・評価部会（平成28年1月）において配布された資料に掲載されたイメージ図です。第2期教育振興基本計画（平成25年6月閣議決定、現在は第4期）においては、学校における体系的な防災教育に関する指導内容の整理、防災教育のための指導時間の確保など、防災に関する教育の充実を図ることが示されました。これが「防災安全教育」を推進するための図式例と捉えてよいでしょう。

この資料からも社会科は、防災安全教育の内容のうち、「防災対策」「地域づくり」などの社会的事象（人間の活動・働きなど）を担っていることが分かることと思います。

提案① 社会科と他教科等の間に、子供の生活経験に根ざした知識があることを意識する

「○○教育」の意義は、個々の教科等の学びを子供の中で相互に結び付けたり総合化したりして実社会における生活改善や行動実践につなげ

資料1　防災を含む安全に関する教育のイメージ

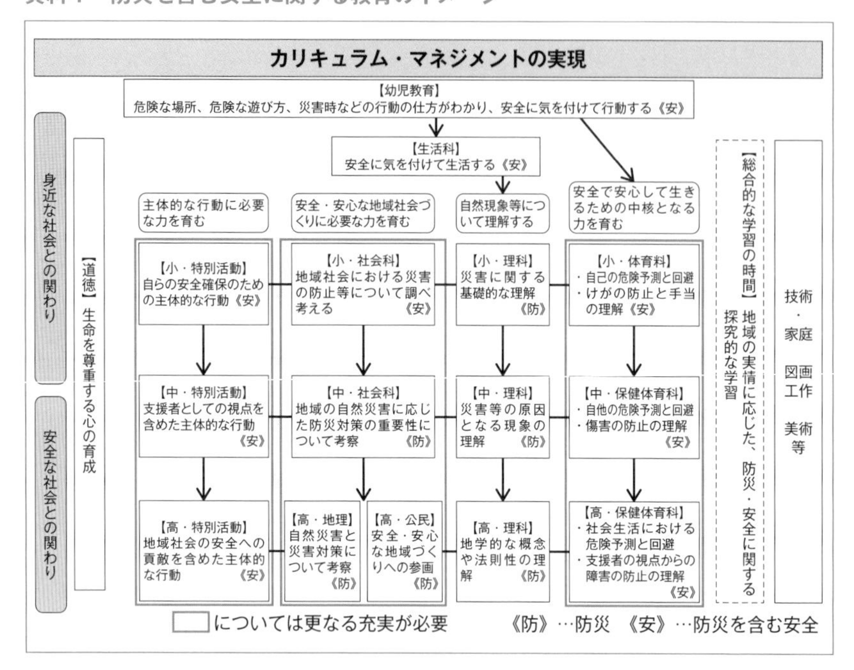

ることであると考えられます。そのため、各教科等が三つの資質・能力において同じバランスで関連するわけではなく、「○○教育」の目標や内容ごとに教科等によって関連付く資質・能力の傾斜配分が見られます。**資料1**で言うと、特別活動は「態度」の面、道徳は「心情」の面、社会科は「思考力」の面、理科と体育は「知識」の面が色濃く描かれていることが分かります。

1 生活経験に基づく知識を介して他教科の知識と結び付く

ここでは、「知識」に焦点化して考えてみます。例えば、第4学年の社会科の単元「自然災害から人々を守る活動」において習得すべき知識であれば、「地理的環境」「災害の歴史」「災害対策などの人々の活動」といった社会的事象になります。理科だと「雨水の行方と地面の様子」「流れる水の働きと土地の様子」「天気の様子」といった自然事象になり、体育科であれば、「けがの防止」「危険の予測・回避」といった日常行動に関わる事象になります。

これらの事象に関する知識が学校の授業の中で相互につながるかどうかは教師の働きかけ次第ですが、それが十分でなくても子供は生活経験に基づく知識によって、頭の中でそれらをつなぎ合わせていることが考えられます。

例えば、水害発生の様子や災害の恐ろしさをテレビで視ている子供は水の流れのすごさを知っていますし、危険の予測や回避の必要性もアナウンサーの訴えなどで聞いています。けが人が運ばれる様子も視ているかもしれません。家にある救急避難セットのことも少しは知っていることでしょう。

そうした子供は、おそらく社会科の授業で教師が「なぜ、この地域に水害が多いか」「私たちが協力すべきはどんなことか」などと問いかければ、理科や体育科で習得した知識を、日常生活の経験から会得・体得した知識とつなぎ合わせて活用するに違いありません。

このことは、理科の立場から考えても、体育の立場から考えても同様でしょう。**教科の知識同士が結び付くのは、子供の生活経験に基づく知識が接着剤になっているからだ**と考えられます。

2 社会科の知識が豊かに補われる

上記のように考えれば、社会科の授業だけでは十分に実現し得なかった臨場感や視野の広がり、共感的理解などが、防災教育という教科横断的なカリキュラムによって補われて実現していることになります。

従来から社会科の学習対象は社会的事象なので、際限なく広く教えることが多すぎるように捉えられがちです。しかし実際には、社会科の授業の中で子供が学ぶ社会的事象に関する知識には時間数の関係で限りがあるため、学習指導要領でもかなり絞り込んで示されています。

他教科や子供の生活経験に基づく知識と結び付くと考えれば、教科横断的なカリキュラムの意義は社会科の立場からも明確になります。社会的事象については、そもそも固有名詞を暗記するような理解ではなく、上記のような豊かな知識に基づく理解が望ましいとも言えます。

資料２

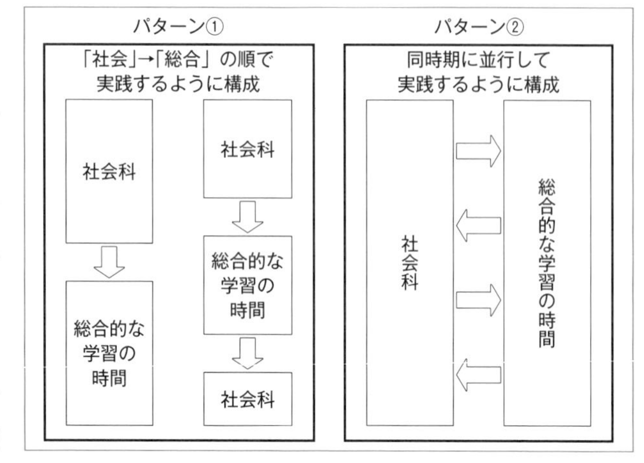

社会科は今一度あらためて知識に光を当て、教科横断的なカリキュラムがどのようなメリットをもたらせるのかを積極的に考える必要があると思います。

提案② 総合の学習とWin-Winの関係をつくれるようにする

学習指導要領において総合が創設された平成10年以降、当初は社会科と関連付けて単元を構成する例が多くみられました。その際の社会科との関連付け方は、おおむね**資料２**のようなパターンでした。

1 社会科のための総合にするのではない

資料２のパターン①は、社会科と総合に一定の順序を付けて実践する例です。社会科で社会的事象に関する知識を身に付け、その特色や意味を教室内で話し合うところまで実践し、その後、総合の時間で地域社会などに飛び出して実社会の人々と何度も関わり合いながら実践的に学ぶ展開です。最後に社会科の学習をまとめとして行う事例もみられました。このパターンのよさは、教科等の特性、すなわち社会科と総合のそれぞれの長所や課題を生かしている点です。

社会科においても総合と同様に「社会参画」を目指しますが、社会科の特質からまずは社会認識（社会的事象の特色や意味の理解）を深めることが優先されます。また、時間数の関係もあって地域へ飛び出して何度も人々に関わるといった展開は構成できません。

一方、総合でも、知識の習得を度外視して社会に飛び出すことも少なくなかったことから、「活動あって学びなし」「お調べ発表学習のみ」などと揶揄される面がありました。

加えて、総合は本来、子供一人一人が自ら問いを見いだし、自分で課題を立てて、自力で学習を進めることが求められるにもかかわらず、パターン①のようなカリキュラムでは、社会科によって方向付けられた課題、いわば「社会科のための発展的学習」のために総合の時間を使っているのではないかといった批判もありました。

2 互いに寄せ合うのでもない

パターン②は、社会科と総合の内容や学習活動が自然と結び付き、子供の中で学びが往還することを期待する例です。

先にも述べたとおり、「○○教育」の学びは、教科等の学びが生活と結び付いて子供の中で総合化されることをねらうものであるため、時期を重ねて複数の教科等の単元を実施するだけでも効果的であるという考え方には一理あります。

ただし、小学校の場合には、社会科も総合も学級担任が指導することから、社会科と総合とが互いに互いを寄せ合う形になり、それぞれの目標や内容、活動などが曖昧になってしまうという懸念もあります。

授業と授業をつなぐ担任の教師の働きかけを行うこと自体は非常に効果的です。ただしその際にも、それぞれの教科等の特質を踏まえておかないと、相互に関連付けたカリキュラムにはなり得ません。

最終的には「子供の学びとしてつながるのだからよいのではないか」と考えることもできますが、カリキュラム論としては誤りだと言わざるを得ないでしょう（総合が創設される前に実践されていた「総合学習」であれば、その限りではありませんが)。

3 単元は総合を軸に、社会科の内容や教材を関連付ける

これまでに行われてきた教科等横断的な実践の難しさは「単元と単元をつなぎ合わせようとした」点にあったように思います。しかしそうではなく、例えば「**単元の大きな展開については総合を軸にしつつ、社会科については単元の中の数時間**（場合によっては1時間）**を関連付ける**」とすれば、従来の難しさを軽減できるだけでなく実際的です。

その際、どの時間を関連付ければよいかを判断する鍵となるのが内容や教材です。加えて、データや写真などを基にして調べたり図表や白地図、年表などにまとめたりするなど、「調べてまとめる」技能も生かせる場面があるかもしれません。すなわち「知識・技能」です。

三つの資質・能力を比べた場合、教科の特質は「知識・技能」に現れることは明白です。あとの二つの資質・能力の柱「思考力、判断力、表現力」「学びに向かう力、人間性」はもともと、教科横断性の強い資質・能力なので、自ずと学習や生活を通して子供の中でつながることを期待できます。そう考えれば、あまり意図的に関連付ける必要はないと思うし、必要以上にカリキュラムを複雑にしないで済みます。こうしたことから、**教科等横断的なカリキュラムに社会科の一部の内容や教材を位置付ければ、知識が補われて充実し、社会認識が深まる**と考えてはどうでしょうか。

【未来志向の社会科に向けた課題解決の糸口】

①教科横断的な「○○教育」を進める際には、社会科と他教科等の間に子供の生活経験に基づく知識があり、それが知識を相互に結び付けていることを意識する。

②総合の学習とWin－Winの関係をつくれるようにするためには、あまり欲張らずに、社会科の知識が補われて豊かになるといったメリットに着目するとよい。

（澤井　陽介）

3

STEAM教育に向けて社会科はどんな役割を果たすのか

課題意識

STEAM教育（スティーム教育）とは、次の頭文字をとった造語です。Science（科学）、Technology（技術）、Engineering（工学）、Art（芸術）、Mathematics（数学）。政府の教育再生実行会議の中間報告では、各教科での学習を「実社会での課題解決に生かしていくための教科横断的な教育」だと定義しています。「理数系の教科横断的なカリキュラムで科学技術立国日本再生へ」と捉えることもできますが、もう少し大きな構えで、「子供たちが創造的・論理的に考え、未知の課題やその解決策を見いだす力をはぐくむことを目指している」とのこと。こうした提言を踏まえ、本稿では「社会科はどんな役割を果たすのか」について考えてみます。

2013年にアメリカが国家戦略として取り組んできたSTEM教育に、新たにArtが加えられSTEAM教育となりました。これからの社会を生きる子供たちにはテクノロジーを使いこなすための「論理的思考力」に加えて、「創造力」「アイデア力」が必要だという考えからです。

ちなみに、中央教育審議会答申（令和３年１月）では、「STEAMのＡの範囲を芸術、文化のみならず、生活、経済、法律、政治、倫理等を含めた広い範囲（Liberal Arts）で定義し、推進することが重要である」と述べています。ここに、社会科が関与する余地がありそうです。

1 どのような実践が進められているのか

文部科学省の説明資料を見ると、STEAM教育の目的を２つ挙げており、そのうち、次の②は文理の枠を超えた広い捉え方のようです。

資料１

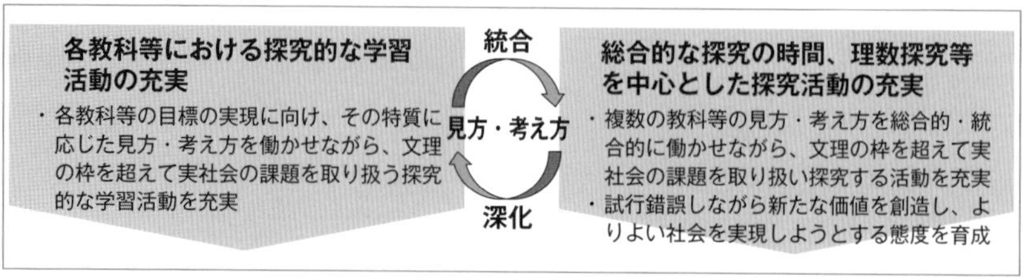

各教科等における探究的な学習活動の充実	統合 ⇄ 見方・考え方 ⇄ 深化	総合的な探究の時間、理数探究等を中心とした探究活動の充実
・各教科等の目標の実現に向け、その特質に応じた見方・考え方を働かせながら、文理の枠を超えて実社会の課題を取り扱う探究的な学習活動を充実		・複数の教科等の見方・考え方を総合的・統合的に働かせながら、文理の枠を超えて実社会の課題を取り扱い探究する活動を充実 ・試行錯誤しながら新たな価値を創造し、よりよい社会を実現しようとする態度を育成

①科学・技術分野の経済的成長や革新・創造に特化した人材育成を志向する。

②すべての児童生徒に対する市民としてのリテラシーの育成を志向する。

加えて、「高等学校においては、新学習指導要領に新たに位置付けられた『総合的な探究の時間』（以下、本項では「総合」という）や『理数探究』が、（中略）STEAM教育がねらいとするところと多くの共通点があり、各高等学校において、これらの科目等を中心としてSTEAM教育に取り組むことが期待される」とあるように、高等学校のカリキュラムとしては、**資料１**の構造で推進することを目指しているようです。

それに対して、小・中学校の段階でも総合等において問題発見・解決的な学習活動の充実を図ることで、STEAMにつなげることを目指すようですが、まだ詳細は示されておらず、いくつかの学校で試験的に研究が進められている段階です。そこで本稿では、小・中学校の段階での学びを高等学校につなげる可能性について探ってみます。

例えば、web上で公開されている実践事例を探ってみると、プログラミング学習のような内容やICTの活用と紐付けられている実践なども散見されますが、例えば以下の学習を展開する実践も紹介されています。

○「うらしま太郎をシアワセにしてあげよう！」対象：小４～６、中学

・コンテンツ例「昔話：『うらしま太郎』の気になる点を挙げよう！」

「『うらしま太郎』の疑問を考えていこう！」「竜宮城改造計画、太郎が幸せに暮らす方法を話し合おう！」等

○STEAMシリーズ「水」対象：中学、高校

・コンテンツ例「水文学入門」「宇宙から考える、奇跡の星『地球』」「イオン交換樹脂を使った水再生実験」「地球観測ぬり絵」「地形から読み取る水の記憶〜衛星データと３Ｄマップで水を探ろう〜」等

○「『杜のスタジアム』にみる次世代都市づくり」対象：高校

・コンテンツ例「国立競技場と都市計画」「都市設計と問題点」「建築技術と設計、防災、産業、住環境・設備、自然環境、健康・スポーツ」等　　　　（以上、経済産業省「未来の教室」STEAMライブラリーより）

ほかにも、いくつかの事例が挙げられており、数としては多くありませんが、これらの事例からだけでもいくつかのことを推察できます。

例えば、高等学校に近付くにつれて科学・技術分野の充実が意図されていること、小学校や中学校の事例は、これまでの総合を軸にした教科横断的な事例に近いものもありますが、むしろ教科等の背景にある学問分野を広く視野に入れて、子供の疑問や探究心を中心に考えられているものが多いことなどです。こうしたことから、STEAM教育とは言わず、「学びのSTEAM化」と称して取り組んでいる小学校の事例もあります。

例えば、関西大学初等部では、「STEAM化ごんぎつね」というカリキュラムを実践しています。国語の教材である「ごんぎつね」を様々な分野・視点（科学、生物、地形、美術、数学、地学、保健、文化、家庭、技術、歴史、地理など）から子供たちが問い直し、自分の学習の方向を描いて探究を進めていく学習です。小学校だけでなく中学校や高等学校、大学での実践まで視野に入れているようです。

提案①「学びのSTEAM化」の実現には、「問う力」の充実が鍵になる

結論的に論じるのは、もう少しSTEAM教育の実践例がたくさん世に

出ることを待ちますが、少なくともそこにつなげていこうとする**「学びのSTEAM化」は、教科学習の範囲を越えて、子供自身がもつ「問い」や探究心による学びの主体性こそを重視している**ものであることが分かります。すなわち、今後よりいっそう子供たちの「問う力」が問われることになりそうです。

1 問いをもたせない授業

一方で社会科の授業の現状を顧みると、まだまだ一斉指導型が多い現状にあります。特に（中学校社会科の授業に多いようですが）ワークシートの活用については一考を要します。

ただし、ここで問題にしているのは、ワークシートを使うこと自体ではありません。その内容や構成です。例えば、問いを生む資料と問い、その答えのヒントとなる資料などまで掲載されていると、学習展開を誘導するようなワークシートになってしまうからです。

そうしたワークシートを活用することによって、授業がスムーズに進み、効率的に学習が展開されるのであれば、その点はよいのかもしれません。しかし、そうした効率性と引き換えにして、子供自らが「問いを生む」チャンスを奪ってしまっているのではないかという点が懸念されます。

ワークシートは、課題を解決するための方策、プロセスにすぎません。にもかかわらず、「ワークシートの指示どおりに書き込んだから、今日は課題解決の授業を受けた」などと子供が思ってしまう可能性が予見されるならば、ワークシートの内容と構成を見直す必要があるでしょう。

2 「問う力」（問題発見力）こそが鍵

大切なことは、子供が問題（課題）を把握し、その解決を目指して自分なりの予想や調べるべき事項の見通しをもつことです。そうできてはじめて、その子なりの「問い」につながるのではないでしょうか。

従来から問題発見力の重要性は指摘されてきました。しかし、各教科等の目標の文言をみても、課題追究力、問題解決力等については書かれていても、総合以外で問題発見力に該当する記述はみられません。

このように考えると、そもそも問題発見力の「問題」とはどのような問いであり、発見力を育てるには何が必要か、ということについての共通理解はあまり図られずにきているのではないでしょうか。今あらためて問題発見力に光を当てる必要があるのではないかと感じます。

提案② 「見方・考え方」が問う力の鍵になり、それを鍛えることにより社会科が「学びのSTEAM化」において役割を果たせるようになる

これまでも「見方・考え方」については、「『問いに変換して』子供が働かせるものである」と説明してきました。このことを踏まえて考えれば、「学びのSTEAM化」において子供が様々な分野・視点を模索して探究しようとする際に生かされているものは、子供たちがそれまでの学習で身に付けた各教科等の、あるいは各教科等を越えた（共通する）「見方・考え方」であると考えられます。

つまり「**学びのSTEAM化」では、各教科等の内容を関連付けることを越えて、各教科等の見方・考え方を自在に生かした「問い」を基にして子供が主体的に探究する学びである**と捉えることができそうです。

1 社会科が果たせる役割

そうであるとすれば、社会科の役割は、第２章で述べた「見方・考え方」の捉え方や第２ステージを想定し、それらを授業の中で鍛えていくことになるのではないでしょうか。例えば、小学校社会科と中学校社会科で見方・考え方を働かせる姿として期待している「追究の視点」と「問いの例」の中から、「学びのSTEAM化」に生かせそうなものをピックアップすると、次頁の**資料２**になります。

2 未来志向の視点を加えて

これらに第２章でも述べた未来志向の視点を加えてさらにブラッシュ

資料2

【小学校社会科】
視点：位置、広がり　→　問い：どこにどのように広がっているか
　地域、分布　→　問い：どこに集まっているか、なぜか
　時代、時期　→　問い：いつ頃のことか、どんな社会だったか
　起原、由来　→　問い：いつどんな理由で始まったか
　推移、継承　→　問い：どのように変わってきたか、どのように受け継がれているか
　願い、関わり、努力、協力、仕組み、影響、対策、多様性、共生など
（問いは省略）

【中学校・地理的分野】
視点：自然的、社会的　→　問い：自然環境からどのような影響をうけているか、どのような社会環境か
　改変、保全、関係性、相互性、一般的共通性、地方的特殊性など
（問いは省略）

【中学校・歴史的分野】
視点：時代、時代区分　→　問い：何時代か
　時代背景　→　問い：どのような社会だったか
　時代の特色　→　問い：どのような時代か、前の時代とどう変化したか
　因果　→　問い：為政者等のどんな行為（原因）により何が起こったか（結果）、なぜそういう判断をしたか

【中学校・公民的分野】
視点：効率と公正、個人の尊重、自由、多様性、権利と責任、義務、利便性と安全性、国際協調、持続可能性など　（問いは省略）

アップされたものが、学びのSTEAM化において、子供自身が自在に使う視点や問いとして生かされたときに、見方・考え方のもつ「本当の意義」を確認できるようになるのかもしれません。

【未来志向の社会科に向けた課題解決の糸口】
①「学びのSTEAM化」の実現には「問う力」が鍵になるだろう。
②小・中学校で進められるであろう「学びのSTEAM化」には、各教科等の、あるいは各教科等を超えた（共通する）見方・考え方が、その充実の鍵になるだろう。

（澤井陽介）

第 7 章

先人の社会科実践や遺産をこれからの社会科にどのように活かせるか

1

先人の実践から受け継ぐべきものは何か

課題意識

社会科は戦後に生まれた教科です。戦後の混乱期から現代にかけての社会科教育は、問題解決能力や批判的思考力、地域や国際社会への理解など、現代社会で必要なスキルを育むことを目指してきました。その教育は時代背景や教育理念の変化に合わせて進化し、幅広い実践が行われてきました。こうした歴史的な変遷は、教育の発展と子供たちの成長を支える重要な要素として、今後も持続していくでしょう。

しかし、その代表的な実践等も知られないまま社会科実践が行われている現実があるのではないでしょうか。そこで本稿では、先人たちが行ってきた社会科の特徴的な実践を紹介します。すべてを網羅することはできませんが、いくつかの具体的な事例や実践内容を挙げ、その特徴や当時の背景・意図を説明し、今の社会科実践に受け継ぎ、活かせるものを探ります。

提案① 先人の特徴的な実践、後世に影響を与えた実践について知る

【1950～1960年代】

1950年代から1960年代にかけての日本の教育界では、社会科教育においていくつかの特徴的で優れた実践が行われました。これらの実践は、単に知識を伝えるだけでなく、子供たちの問題解決能力、社会的な意識、そして主体的な学びの姿勢を育む手法として高く評価されています。

以下では、1950年代から1960年代に行われた３つの特筆すべき実践について見ていきます。

1 永田時雄の「西陣織」

1950年代、「西陣織」（京都市の代表的な産業）に焦点を当てた永田時雄の実践においては、産業の問題点を子供たちに理解させるための授業を展開しました。

永田は、「西陣織」には生産工程の非科学的な側面や封建制の残存、そして資本主義との矛盾など多くの問題点が存在することを指摘しました。子供たちは実際に工場を見学し、調査活動を通してこれらの問題点とその原因を明らかにしていきました。

その過程で、西陣織の歴史的背景や他の産地との比較を行い、多面的な問題解決を目指しました。産業の問題点を探求することで、子供たちにとって身近な地域産業の実情を理解させるとともに、経済的な問題や社会的な矛盾についても考えさせる貴重な機会となりました。

この実践により、子供たちは社会の複雑な構造を見据え、なぜ問題が発生しているのか、どのように改善していくべきなのかという問題意識を育みました。その結果、典型的な問題解決学習の展開として高い評価を受けることとなりました。

2 江口武正の「こうちせいり」

1950年代に行われた江口武正の「こうちせいり」実践は、農村地域における生活現実に焦点を当てたものでした。

新潟県上越市（当時は津有村）の子供たちは、農繁期に農作業に従事する必要があり、教室での学習にも影響を受けていました。江口はこの状況に疑問をもち、子供たちが自分たちの取り巻く村社会について正しい見方や考え方ができるようになることを目指して「こうちせいり」という農業問題を取り上げ、各家庭の実態を調べることで停滞の原因を明らかにしていきました。

さらに、子供たちは教室で得た新しい理解をノートと共に家庭にフィードバックすることで、親の封建的な考え方を揺さぶる役割も果たしました。農村地域に根ざした課題解決を通じて、子供たちの地域への理解と共感を促進させ、地域社会への貢献意識を高めることに成功しました。

この実践により、子供たちは民主主義社会の実現という戦後の時代精神に連動しながらも、自主的な問題解決力を養う手法として高く評価されました。

3 長岡文雄の「室町時代の寄り合い」

1960年代に登場した長岡文雄の「室町時代の寄り合い」実践は、歴史を教えるだけでなく、人々のねがいとその実現を考えさせる力を高めることを目指しました。

この実践では、室町時代の寄り合いを題材にして、子供たちが寄り合いの意味や目的を深く理解し、自分たちの生き方について考える機会をもちました。歴史的な内容を通じて子供たちに社会的な意識を育む学習を展開しました。

現代社会での様々な問題に対しても同様のアプローチが可能です。例えば、地域社会や国際社会での紛争や環境問題、格差社会など、多岐にわたる課題に対して子供たち自身が主体的に考え、解決策を模索することが重要です。このように、長岡は学習者の主体的な追究を尊重し、問題解決力を育むことに熱意を注ぎました。

子供たちが自ら考え、意見を形成し、解決策を見付け出す力を身に付けるためには、こうした実践の精神が重要であり、今後も多くの教育者によって受け継がれていくことが期待されます。

1950年代から1960年代に行われた特徴的な社会科教育の実践は、教育の現場において多くの示唆を与えてくれます。子供たちが将来の社会で活躍し、課題解決に積極的に取り組むためには、教育の中で問題解決能力や社会的な意識を育むことが欠かせません。

現代の社会は複雑多様化しており、子供たちは将来の社会で様々な課題に直面することになります。そうしたなかで、問題解決能力や社会的な洞察力をもつことはますます重要になります。教師は子供たちに対してただ知識を与えるだけではなく、社会において主体的に活躍するための力を育てる役割を果たしていくことが求められています。これらの実践を通じて培われたアプローチや手法は、今後も教育の発展において重要な要素として受け継がれていくことでしょう。

【1970～1990年代】

1970年代には、教科書の内容やアプローチに対する批判が高まりました。多様な価値観や文化を尊重する視点が求められ、教科書の改革や教育内容の再検討が進められました。また、地域や社会との連携を重視する動きもあり、学校外の場所での学びや体験も大切にされました。

1980年代以降は、情報化社会への対応や国際化の進展に合わせて、社会科教育も進化しました。情報の取捨選択や批判的情報リテラシーの育成が重要視され、新たな教材や手法が導入されました。また、地域社会や国際社会の問題に対する理解を深めるために、フィールドワークやディベートなどのアクティビティも取り入れられました。

1 鈴木正気の「川口港から外港へ」

1970年代、鈴木正気は独自のアプローチで社会科教育実践を展開しました。鈴木の実践の特徴は、教材選定において具体的な水産業を取り上げ、地域の中からテーマを設定したことにあります。鈴木は「生産労働」を重要な観点とし、社会を理解する基本的な視点として位置付けました。

鈴木は教材選定において、子供たちが身近に感じる「みりんぼし」という事物に焦点を当てました。この事物の内側に秘められた、人間との関係性や生産労働の世界を子供たちに見せることで、抽象的な社会認識を具体的な事例を通じて学び取らせようと試みました。

2 大津和子の「１本のバナナから」

1980年代、大津和子は印象的な社会科教育実践を展開しました。大津は「１本のバナナ」を教材として用い、子供たちに現代社会の問題に対して共感し理解する授業を構築しました。大津は、バナナの消費・生産・流通の場面を追うことで、日本とフィリピンの関係を明らかにし、バナナを安く食べられている私たちの暮らしを見直す学習を展開しました。また、大津は教材選定において、子供たちに身近なものを取り上げることで、興味を引きつける工夫をしました。

大津の実践は単なるフィクションではなく、実際の資料や研究をもとにしている点が特筆されます。このような徹底したリサーチにより、子供たちが社会問題に対して深い洞察を得ることができるように工夫された授業展開となりました。

鈴木と大津の特徴的な実践には共通する要素が見受けられます。まず、教材選定において具体的な事物やテーマを用いている点が挙げられます。鈴木は「みりんぼし」、大津は「バナナ」という身近な事物を通じて、子供たちが興味をもちながら学び取れるよう工夫しました。また、彼らの実践は社会認識の過程を大切にしています。鈴木は「見えない世界」を「見えるもの」に組み変える作業として教材を展開し、大津はバナナを通じて見えていなかった事実を見えるようにしました。

長期間にわたって熱心に研究・改良されたことも特徴的です。鈴木、大津の両氏は自らの実践を様々な観点から見つめ直し、時代や子供に合わせて教材やアプローチを進化させました。

これらの実践は、**子供たちには「見えない」社会の構造を、「見える」教材を通じて理解させる手法に焦点**を当てています。また、それぞれの教材には社会的な意識を醸成するためのオープンエンドアプローチが取り入れられており、子供たちが自ら考え、問題意識をもつことを促す工夫が凝らされています。

そのおかげで、子供たちは日常の世界から社会の複雑な構造へと目を向ける力を培い、自己の意見を形成し、問題解決のスキルを身に付ける機会を得ることができました。また、教師自身も、教材の選定やアプローチの工夫によって、より理解を深めることができます。

提案② 受け継ぎ、発展させるべきものを感じ取る

先人による以上の代表的な実践は、社会科教育における優れた手法の一つのモデルとして、今日まで多くの教育者に影響を与えています。社会科教育は、子供たちに社会の構造を理解させ、社会的な意識を醸成する重要な役割を果たします。以上のような熱心で創造的な教育者の存在が、子供たちの成長に深い影響を与えてきたことは間違いありません。

教師としての本質を追究し、教育の現場で独自の実践を行うことは決して容易なことではありません。しかし、ここで紹介した教育者の姿勢と努力は、教育の世界に新たな可能性を切り拓くとともに、教師たちに勇気と希望を与えてくれます。自分自身の社会科実践を後世に残し、継承していくという視点をもって実践していく必要もあるのではないでしょうか。

今後も社会科教育の領域で、様々なアプローチや教材が提案されることでしょう。子供たちが成長するための道しるべとして、ここで紹介した特徴的な実践が今後も多くの教育者によって受け継がれ、発展していくことを願います。

【未来志向の社会科に向けた課題解決の糸口】

①過去の特徴的な実践を知り、その時代背景、時代の風潮などを読み取りながら、現代と重ね合わせて見るようにする。今も変わらずに大切にされているものを感じ取り、実践に活かせるようにする。

②受け継ぐべき理念を今後の社会科の発展のためにどのように活かすべきかを考える。

（宗實直樹）

2

社会科における「構造化」を探る

課題意識

「社会科は何を教えたらよいのかわからない」「何に重点を置いて教えたらよいのかわからない」という声は以前から聞かれます。学習内容の何が重要であり、どのように捉えていくべきかが不明瞭な部分があるためです。これらの課題を構造化して取り組むことは、社会科教育において非常に有益であり、社会科授業をより明確に展開するために不可欠な要素です。

そこで本稿では、「学習内容の構造化」に焦点を当てて論じます。学習内容の構造化がなぜ重要視されるようになったのか、そしてその考え方が現在にどのように引き継がれ、生かされているのかについて探ります。

提案① 「構造化」論に至る歴史的背景を読み取る

1 戦後社会科と問題解決学習

次の文章は、昭和22（1947）年５月に刊行された「学習指導要領　社会科編Ｉ（試案）」に記されている社会科の目的の一つです。

今後の教育、特に社会科は、民主主義社会の建設にふさわしい社会人を育て上げようとするのであるから、教師はわが国の伝統や国民生活の特質をよくわきまえていると同時に、民主主義社会とはいかなるものであるかということ、すなわち民主主義社会の基底に存する原理について十分な理解を持たなければならない。

戦後になると、終身、歴史、地理などの教科を廃止してそれらの内容を統合し、民主主義社会の建設という課題性をもって誕生したものが社会科という教科でした。

昭和26（1951）年７月に刊行された「学習指導要領　社会科編 Ⅰ（試案）」では次のように記されています。

社会生活を児童の現実的な生活から切り離し、いわばかれらから離れて向うにあるものとして、その必要や関心の有無にかかわらず、断片的に学習させ、社会に関するさまざまの知識をもたせるというようないき方をとらずに、かれらが実生活の中で直面する切実な問題を取りあげて、それを自主的に究明していくことを学習の方法とすることが望ましいと考えられる。

ここに、問題解決学習を基本的性格とすることが明確に記されます。

つまり、戦後社会科は、民主主義社会に生きる人間の資質・能力を育てる市民教育というねらいをもち、カリキュラム構造としては、統合社会科という性格を有していました。また、学習方法論としては、問題解決学習を前面に打ち出して出発しました。

2 なすことによって学ぶ経験主義教育

戦後社会科の実践と研究は、デューイに代表される経験主義の教育を中心としていました。社会科授業を支えていた理念は、「なすことによって学ぶ」でした（昭和26年の「学習指導要領　一般編（試案）」においてこの理念は、社会科だけでなくどの教科の学習においても重要であるとされ、特に特別教育活動〈現在の特別活動〉については「この原則を強く貫くものである」と指摘しています）。

「ごっこ活動」「見学・調査活動」「グループ活動」等の活動主義の教育は、戦後の新教育を盛り上げ、多くの教師の興味と関心を引きつけました。しかし、「活動あって学習なし」と批判される実践が多かったというのが現実です。

そうして、昭和20年代半ばから後期にかけて、社会科を中心とする戦後の新教育への批判が生まれていきました。矢川徳光（1950）は、『新教育への批判』の中で、社会科の実践を「はいまわる経験主義」「はいまわる社会科学習」だと断じました。「なすこと」が目的とされ、「学ぶ」ことが欠如していた学習に対する指摘でした。

3 問題解決学習から系統学習へ

昭和30（1955）年、33（1958）年と行った学習指導要領の改訂では、戦後社会科の整理を試みました。その特徴の一つは、系統性の強調で、子供の発達段階に応じて内容の系統性を確保しようとしました。その結果、「問題解決学習」から「系統学習」という主張が広く使われるようになりました。

昭和33年度改訂学習指導要領では、内容中心主義になっていきました。子供が主体的に学ぶ社会科から、多くの内容をつめこむ社会科授業へと変化していきました。この膨大な教育内容を整理し、必要なものを構造的に捉えさせたいという現場からの要請に応じて提示されたのが山口康助の『社会科指導内容の構造化』でした。

4 ブルーナーの『教育の過程』

昭和40年代にかけて、社会科の内容論は「社会認識形成」が重視されるようになりました。

ブルーナーの教育内容現代化論の日本への影響もあり、「構造化論」が登場してきました。ブルーナーの『教育の過程』が出版されたのが1960年、鈴木祥蔵、佐藤三郎によって日本語訳が出版されたのが1963年。その第２章は「構造の重要性」となっています。『社会科指導内容の構造化』の出版が1964年。山口の「指導内容の構造化」の提唱はブルーナー的発想とは言えませんが、多くの影響を受けていると考えられます。

5 目標・内容・方法の統一的把握

資料1　6年生小単元「奈良の都」の構造図（4時間）

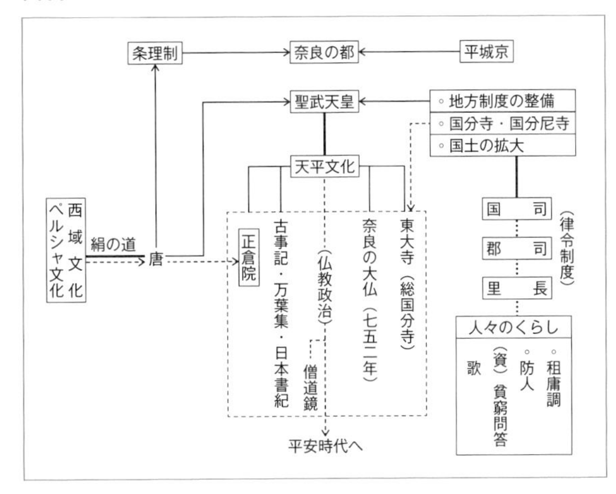

当時、社会科発足から指導形態のあり方に関心が集中した時代や、社会科では何を教えたらいいのかという内容主義の時代を経て、目標と切り離されて別々に追究しても意味をなさないと気付いてきた時代でした。

山口（1964）は「目標が内容群をひきつれ、その個々の内容がまたそれにもっともふさわしい方法を規定し、あるいは創出させる。目標と内容と方法の統一的把握が教師にとって最大の要件であることが強調されてきたのは、その意味できわめて重要である[注①]」と述べています。

構造的な把握、つまり構造化の訓練とその具体的表現としての構造図が生まれてくることになりました。

構造図は、**資料1**[注②]のように、ひとつの単元の内容もしくは目標を、重要な中心的なものから、「核—幹—枝—葉」というように区別し、それらの間の関係がわかるように図示したものでした。例えば、**資料1**では、「聖武天皇」が「核」となり、「天平文化」や「西域文化とのつながり」「律令制度」が「幹」となります。「正倉院」「奈良の大仏」「租庸調」などが「枝」となり、「古事記」や「貧窮問答」などの資料が「葉」となるイメージです。学習内容や資料に軽重を付けながら配列し、全体を立体的に構造的に組み立てようとしたわけです。

社会科は、教材研究をすればするほど資料も膨大に増え、教師も集めた資料をすべて使おうとなりがちです。情報や内容過多になり、子供たちが焦点を絞って考えることが難しくなることも大いにあります。そういう意味で、資料や内容を精選し、必要ないと思うものを思い切って省くことで判断しやすくなるということも特徴でしょう。

目標・内容・方法を統一的に把握することができ、概念分析の方法論として有効であるため広く関心をもたれ多く実践されましたが、当然批判もありました。例えば、次のような批判です。

- 構造図がたんなる教材内容の整理になってしまい、真の構造的な深まりがない。
- どのような視点から、核―幹―枝―葉を取り出すのかという、手順や方法が明確に示されていない。

1点目は研究者としての視点からの指摘、2点目は、実際に行おうとする実践者としての視点からの指摘と捉えることができそうです。

提案② 「問い」と「知識」の関係性を捉える

1 知識の構造図

教えることがあいまいということは、裏を返せば、子供がどのような知識を獲得すればよいのかが曖昧だと言い換えることができます。

山口の「学習内容の構造化」から時をへだてて提案されたのが、北俊夫（2011）の「知識の構造化」[注③]です。北は、できるだけシンプルに指導の実効性のある「知識の構造」を提案しました。[注④]ここでいう「知識」とは、**資料2**[注⑤]のように「中心概念（概念的知識）」「具体的知識（説明的知識）」「用語・語句レベルの知識」のことです。これらの「知識」と抽出した学習内容を関連付けて整理したものが「知識の構造図」です。

捉えるべき目標や内容が一覧として示されるので、最終的な単元のゴールも捉えやすくなります。単元を構造的に捉えることは、押さえておきたい教材研究の方法論といえるでしょう。

北は、「単元（小単元）ごとに取り上げられる知識を抽出し、階層的に整理することによって、教師は子どもたちに何を指導するのかを明確にすることができる。あわせて、知識相互の関係をとらえることができる注⑥」と述べます。

資料2　知識の構造図（5年「くらしを支える工業生産」）

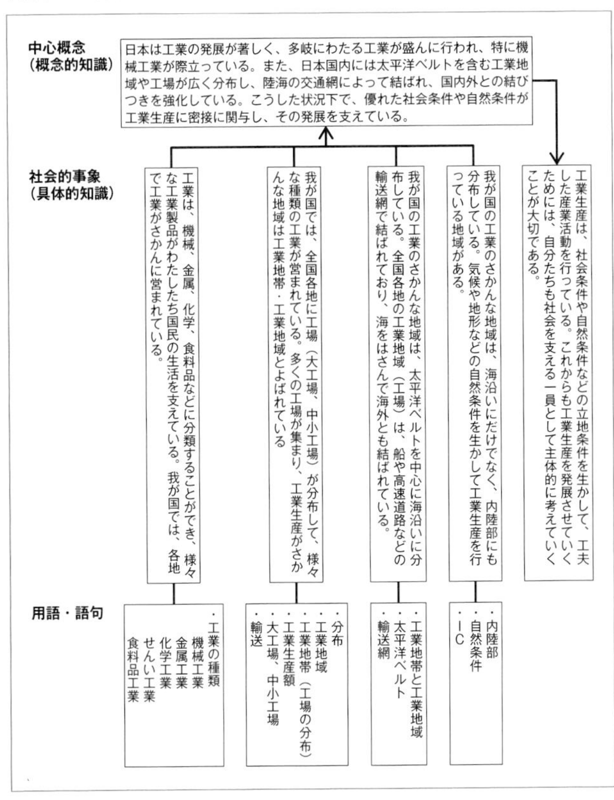

出典：北俊夫著『“知識の構造図”を生かす問題解決的な授業づくり』明治図書出版、2015年を参考に筆者作成

子供の主体的な学びが重視され、自由進度学習等が脚光を浴びている昨今、学習内容を構造的に教師が捉えておくことが重要になるのではないでしょうか。まずはどこを目指すのか、どのような要素が絡み合っているのか、それが明確であれば、教師は子供の追究が大きく逸れたときも的確に把握でき、軌道修正を促すこともできます。子供の発言内容や追究内容が全体像のどこに位置付くのかが判断しやすくなり、適切な助言や言葉かけもできるようになります。

獲得すべき概念的知識を明確にし、単元の全体像を捉えることは、学習のマップを手にしながら安心して旅に出るようなものです。

資料3　問いの構造図

資料4　問いを意識した単元構

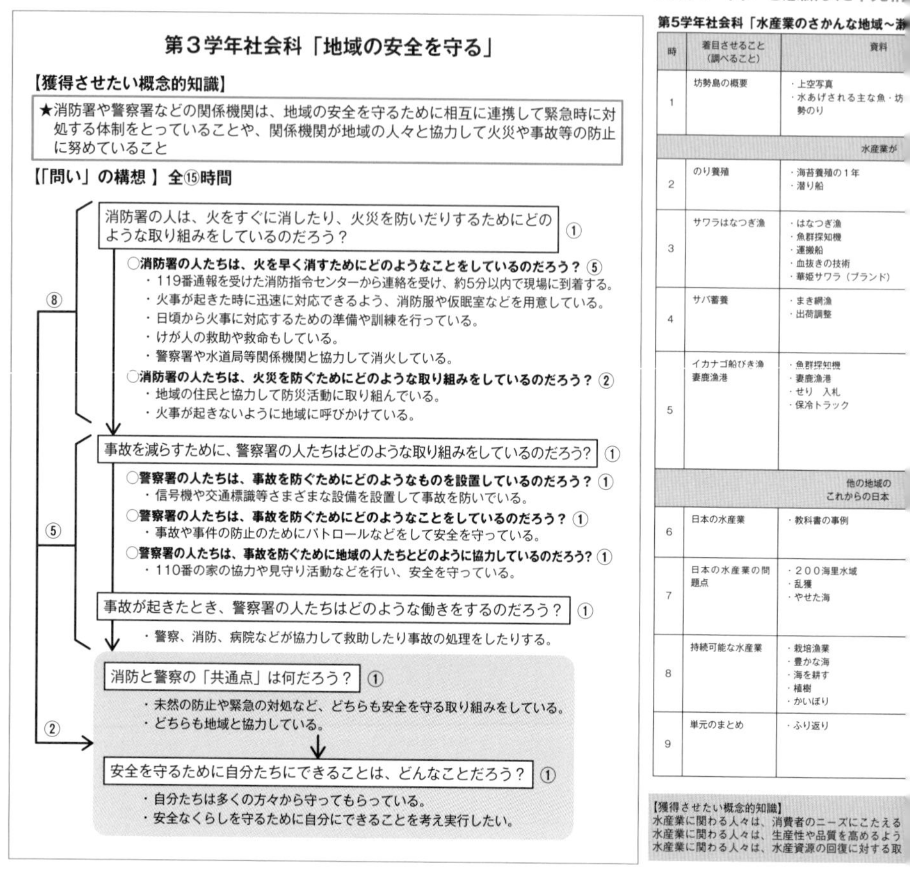
第３学年社会科「地域の安全を守る」

【獲得させたい概念的知識】

★消防署や警察署などの関係機関は、地域の安全を守るために相互に連携して緊急時に対処する体制をとっていることや、関係機関が地域の人々と協力して火災や事故等の防止に努めていること

【「問い」の構想 】全⑮時間

⑧
消防署の人は、火をすぐに消したり、火災を防いだりするためにどのような取り組みをしているのだろう？ ①

○消防署の人たちは、火を早く消すためにどのようなことをしているのだろう？ ⑤
・119番通報を受けた消防指令センターから連絡を受け、約5分以内で現場に到着する。
・火事が起きた時に迅速に対応できるよう、消防服や仮眠室などを用意している。
・日頃から火事に対応するための準備や訓練を行っている。
・けが人の救助や救命もしている。
・警察署や水道局等関係機関と協力して消火している。

○消防署の人たちは、火災を防ぐためにどのような取り組みをしているのだろう？ ②
・地域の住民と協力して防災活動に取り組んでいる。
・火事が起きないように地域に呼びかけている。

⑤
事故を減らすために、警察署の人たちはどのような取り組みをしているのだろう? ①

○警察署の人たちは、事故を防ぐためにどのようなものを設置しているのだろう？ ①
・信号機や交通標識等さまざまな設備を設置して事故を防いでいる。

○警察署の人たちは、事故を防ぐためにどのようなことをしているのだろう？ ①
・事故や事件の防止のためにパトロールなどをして安全を守っている。

○警察署の人たちは、事故を防ぐために地域の人たちとどのように協力しているのだろう? ①
・110番の家の協力や見守り活動などを行い、安全を守っている。

事故が起きたとき、警察署の人たちはどのような働きをするのだろう？ ①
・警察、消防、病院などが協力して救助したり事故の処理をしたりする。

②
消防と警察の「共通点」は何だろう？ ①
・未然の防止や緊急の対処など、どちらも安全を守る取り組みをしている。
・どちらも地域と協力している。

安全を守るために自分たちにできることは、どんなことだろう？ ①
・自分たちは多くの方々から守ってもらっている。
・安全なくらしを守るために自分にできることを考え実行したい。

第5学年社会科「水産業のさかんな地域～瀬

時	着目させること（調べること）	資料
1	坊勢島の概要	・上空写真 ・水あげされる主な魚・坊勢のり
		水産業が
2	のり養殖	・海苔養殖の１年 ・潜り船
3	サワラはなつぎ漁	・はなつぎ漁 ・魚群探知機 ・運搬船 ・血抜きの技術 ・華姫サワラ（ブランド）
4	サバ蓄養	・まき網漁 ・出荷調整
5	イカナゴ船びき漁 妻鹿漁港	・魚群探知機 ・妻鹿漁港 ・せり　入札 ・保冷トラック
		他の地域の これからの日本
6	日本の水産業	・教科書の事例
7	日本の水産業の問題点	・２００海里水域 ・乱獲 ・やせた海
8	持続可能な水産業	・栽培漁業 ・豊かな海 ・海を耕す ・植樹 ・かいぼり
9	単元のまとめ	・ふり返り

【獲得させたい概念的知識】
水産業に関わる人々は、消費者のニーズにこたえる
水産業に関わる人々は、生産性や品質を高めるよう
水産業に関わる人々は、水産資源の回復に対する取

2 問いの構造化

今は、知識を獲得するための問いと、そのプロセスが重要視されていると感じます。主体的な学びを促すべく、子供の思考の流れを大切にし、子供の側から問いを構造化する必要が出てきたからでしょう。

問いの構造図を作成することで、捉えさせたい知識が明確になり、子供の思考に沿いながら学習の全体像を把握できるようになります。

問いの構造図を作成する際、意識したいのが、**資料5**のような「問い

造図(5年「水産業のさかんな地域」):筆者作成

内海に浮かぶ小さな島 坊勢島～」単元構想図

主な問い	獲得する知識
「坊勢島はどのような所なのだろう？」	・坊勢島は海に囲まれた島で、様々な魚が多くとれる漁場である。 ・島の大半の家庭（約7割）が漁業に従事している。
さかんな坊勢島では、どのような漁をしているのだろう？	
「坊勢では、のりをどのようにして育てているのだろう？」 「なぜ何度ものりを洗うのだろう？」	・のりの養殖は、生産量が安定するよう計画的に行われ、安心・安全なのりがつくれるように工夫している。
「坊勢では、サワラをどのようにしてとるのだろう？」 「サワラのはなつぎ漁では、なぜ3艘1組になるのだろう？」	・はなつぎ漁では、3艘で1組になり、とれたサワラは運搬船で港へ運んでいる。 ・とれたてのサワラを船上で血抜きし、「華姫サワラ」としてブランド化している。
「坊勢では、サバをどのようにしてとるのだろう？」 「なぜすぐに出荷せずに蓄養をするのだろう？」	・鯖の蓄養は、出荷調整をすることで安定した収入を得ることができる。
「坊勢では、イカナゴをどのようにしてとるのだろう？」 「なぜイカナゴ漁は魚の群れを発見することができるのだろう？」 「妻鹿漁港で働く人たちは、水あげされた魚をどうするのだろう？」 「水あげされた魚は、どのようにしてわたしたちのところへ届くのだろう？」	・妻鹿漁港は、水揚げができる港と水産加工工場や小売所などを備えている。 ・水揚げされた魚は、種類や大きさごとに分けられた後、大型冷蔵庫で保存、氷詰めにしてトラックなどで新鮮なうちに消費地に輸送、または加工工場へ運ばれる。
水産業はどのようにしているのだろう？ の水産業はどのようにするべきだろう？	
「日本各地では、どのような水産業が行われているのだろう?」 「なぜ日本は多くの魚がとれるのだろう?」	・国土を海で囲まれ、寒流、暖流がそばを流れ良い漁場をもつ日本は、世界有数の魚介類の消費国である。
「日本の水産業が抱える問題に対してどのような取り組みをしているのだろう?」 「世界の中でなぜ日本の漁獲量だけが減っているのだろう?」	・２００海里水域や乱獲の影響で生産量は減少傾向にあるが、水産資源回復の取り組みも行われている。
「これからの日本の水産業はどうあるべきなのだろう?」 「育てた魚をなぜ放流するのだろう?」	・水産業に携わる人々は、自然環境や資源のことにも配慮し、持続可能な漁業生産をしようとしている。
坊勢漁協の上西さんに「わかったこととさらに知りたいこと」をメールをしよう。	・水産業は自然環境と深い関わりをもち、水産業に携わる人々の工夫や努力によって営まれている。 ・水産業はわたしたちの食生活を支えている。

ために、魚のとり方や出荷・運輸方法など、様々な工夫をしている。
努力したり新しい方法を試みるなどして、食料生産を支えている。
り組みに努め、持続可能な水産業を目指している。

資料５　問いと知識の関係性

類型	社会的な見方（視点）			獲得できる知識
	位置や空間的な広がり	時期や時間の経過	事象や人々の相互関係	
知るための問い When Where Who What How	どこで 広がったのか どのように 広がって いるのか	何が変わった のか どのように 変わって きたのか	だれが生産 しているのか どのような 工夫が あるのか	事実的 知識
分かるための 問い Why (How) (What)	なぜ この場所に 広がって いるのか	なぜ 変わって いるのか	なぜ 協力する ことが 必要なのか	概念的 知識
関わるための 問い Which	さらに この場所に 広げる べきだろうか	どのように 変わっていく べきなの だろうか	共に協力する 上でAとBと どちらが 必要だろうか	価値的・ 判断的 知識

出典：澤井陽介、加藤寿朗編著『見方・考え方［社会科編］』東洋館出版社、2017年を参考にして筆者作成

資料６

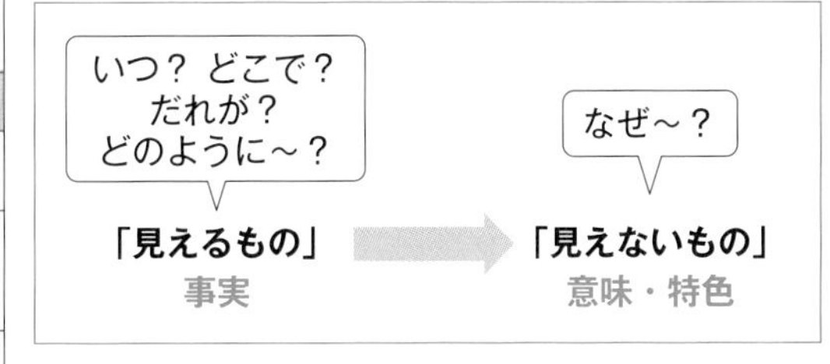

	自動車保持者数が増えているにもかかわらず、なぜ交通事故数は減っているのだろう？
1	警察署の人は、事故を防ぐためにどのようなものを設置しているのだろう？ →なぜ信号機の右側が赤色なのだろう？
2	警察署の人は、事故を防ぐためにどのようなことをしているのだろう？ →なぜ事故や事件がないのに見回りをするのだろう？
3	警察署の人は、事故を防ぐために地域の人たちとどのような協力をしているのだろう？ →警察署や交番があるのになぜ子ども１１０番の家があるのだろう？
4	それでも事故や事件が起きた時、警察署の人たちは、どのように対処しているのだろう？ →なぜ関係機関と協力する必要があるのだろう？

と知識の関係性」です。どのような問いからどのような知識が獲得できるのか、そして、その問いと知識が単元の中にどのように位置付き、つながっていくのかを把握しておくことが重要です。

澤井陽介氏が26頁で提案している「問いストーリー」の考え方が重要です。その際、問いを**資料６**のように「どのように？」から「なぜ？」へと移行するようにします。目に見える事実的知識の獲得から目には見えない概念的知識の獲得につながります。

提案② 自分自身で全体像を描き、単元のイメージをもつようにする

1 教師が描く

大切なことは、子供たちが何を学ぶべきなのかを明確化し、単元というまとまりを統一的に、つながりが見えるよう構造的に捉えることです。そのために授業者自身がどう捉えてどう全体像を描けるかが重要です。けっして「構造図をかく」という手法が前面にでないように努め、各自それぞれの方法でイメージをもてるようにしたいものです。

具体的な方法は様々考えられます。山口の「指導内容の構造化」や北の「知識の構造図」をヒントにしながら、自分自身で単元全体を把握するためにどうすればいいのかを考えてもよいでしょう。

私はイメージマップ風に作成し、まずは全体像を描くようにしていま

資料7　単元のイメージマップ（例）５年生「日本の工業生産と貿易・運輸」

資料８　単元のイメージマップ（例）４年生「わたしたちの県のようす」

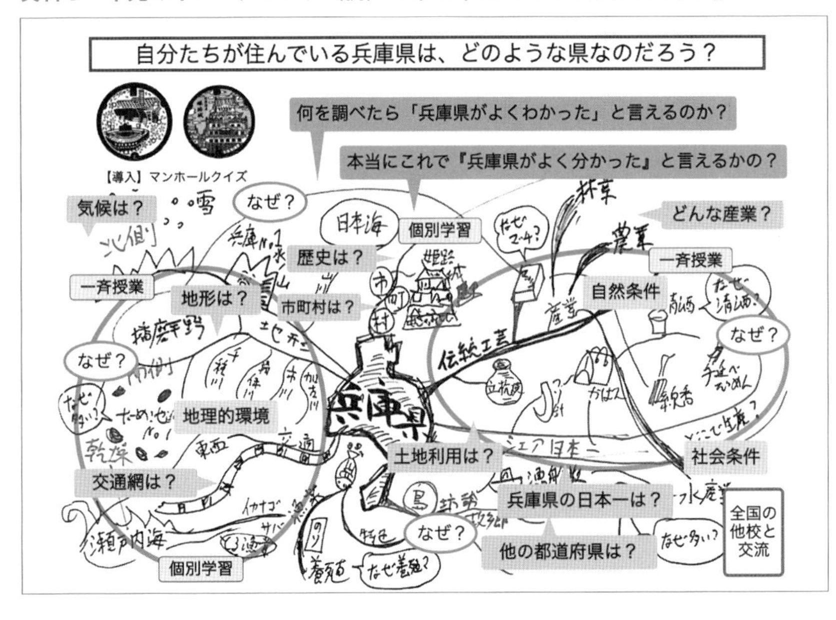

資料９　単元のイメージマップ（例）４年生「健康なくらしを守る仕事」

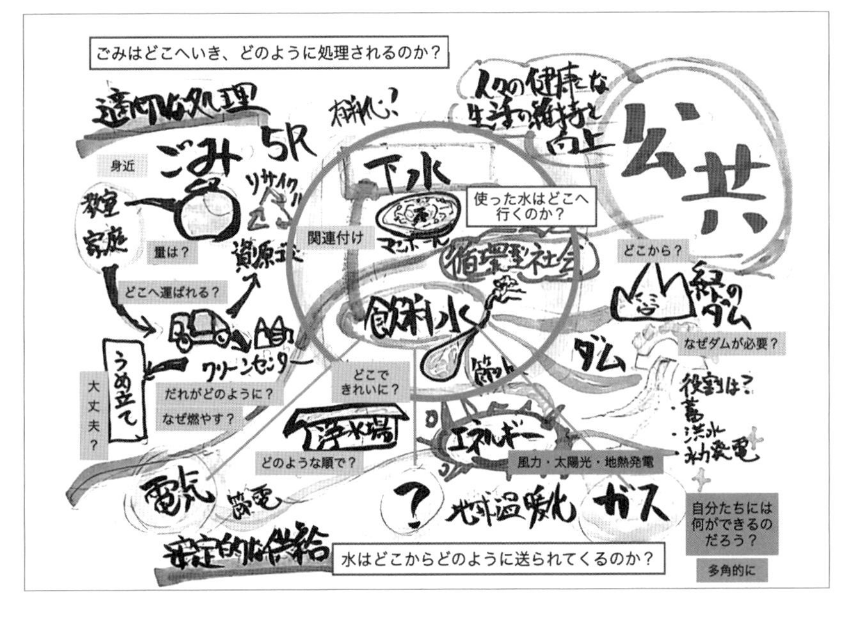

す。例えば、**資料7**のようにデジタルで作成するのでもよいし、**資料8、9**のように手書きのアナログ（＋デジタル）で作成するのもいいでしょう。大切なのは、自分自身がやりやすい方法で単元全体を構造的に俯瞰して捉えられるようになることです。

2 子供が描く

ただ、これからの社会科では、これらの構造図を子供自身が作成し、子供が構造的に社会を理解できるようになることが重要です。ですので、単元のおわりに教師の指導のもと、子供によって構造図がつくられるようになればよいと感じています。それを繰り返すことで子供自身が学びを構造的に捉えられるようになるのではないでしょうか。

自分で構造を理解し、自分で学びを進められる主体的な学び手になってほしいものです。難しいですが、子供が主体的に社会と関わろうとするならば、社会を立体的に構造的に子供が把握できるようにすることが重要です。

【未来志向の社会科に向けた課題解決の糸口】
①単元の全体像を把握する方法を自分自身のやりやすい方法で考えられるようにする。
②子供の主体的な学びを促すためにも、子供自身が単元を構造的に捉えられるようしていく。

（宗實直樹）

［注］
①山口康助編『社会科指導内容の構造化』新光閣書店、1964年、28頁
②山口、前掲書、173頁
③北俊夫『社会科学力をつくる“知識の構造図”―“何が本質か”が見えてくる教材研究のヒント』明治図書出版、2011年
④知識の構造については、森分孝治による社会科の授業構造分析や岩田和彦の知識の分類をもとに考えることが望ましい。森分孝治『社会科授業構成の理論と方法』明治図書出版、1978年、102～112頁、岩田和彦『社会科の授業設計』明治図書出版、1991年、38～45頁がおおいに参考になる。
⑤北、前掲書、91頁
⑥北、前掲書、91頁

3

学習者主体の授業を問い直す

課題意識

個別最適な学びが注目されるようになり、個別で子供たちが社会的事象を追究する場面が多くなりました。その際、子供が学習目標に達することが難しいという問題点を抱えます。また、自律した学習者を育成するため、学習者主体の授業が問い直されていますが、その実現も簡単なものではありません。その理由として、子供たちの学習技能が未熟である点、学習者主体の授業の具体がイメージできないという点が挙げられるでしょう。

そこで本稿では、有田和正の実践に着目します。ボトムアップ型の教材研究に言及し、自律した学習者のイメージを明確にしながら、学習者主体の授業を実現させるためのヒントを探ります。

提案① ボトムアップ型の教材研究について考える

1 有田和正の「ネタ」

有田和正は1935年福岡県生まれ、玉川大学文学部教育学科を卒業しました。福岡県の公立校、福岡教育大学附属小倉小学校、筑波大学附属小学校を経て愛知教育大学教授となります。1976年より社会科・生活科教科書（教育出版）の執筆者の一人となり、1999年３月愛知教育大学定年退官後、教材・授業開発研究所代表、東北福祉大学特任教授を歴任しました。その後、2014年５月に79年の生涯を閉じます。

有田は、授業の「ネタ」開発で有名でした。ネタの条件として次のように述べています。

「ネタ」とは、おもしろくて、学習したくなり、それを学習しているうちに基礎的基本的な内容が本当の『知識』として身につき、その過程で「学習法」も身につく、というものである。[注①]

「ネタ」とは、「学習内容と学習方法が網羅的に習得され、かつおもしろくて楽しい教材」という捉えでよいでしょう。

前項では、目標からのトップダウン型教材研究として「構造化」について述べましたが、ここでは有田のネタ開発に焦点を当てながら、ボトムアップ型の教材研究を中心に述べます。

有田のネタ開発は独特であり、当時多くの教師の憧れとなっていました。いくつか紹介すると、例えば次のようなものがあります。[注②]

- 「バスには、タイヤが何個ついていますか」「運転手さんは、どこを見て運転していますか」という発問で『バスの運転手』を導入する。
- 「ポストというものを知っていますか」と問いかけ、ケント紙を見せながら、「この紙でポストをつくりたいのだが、どうだろう」とゆさぶる。
- 長さ３メートルのさとうきび（成熟したもの）を教室へもち込む。それだけで子供たちは「さとうきび」に問いかける。「どうして、みんな同じところで曲がっているの？」→沖縄地方の人々のくらしを追究する問題が出てくる。
- 「牧場とは、どんな所だと思いますか？」→「東京23区内に『牧場』はあるのだろうか？」と、意表をつく問いかけで、『東京23区内に牧場はない？』を導入する。
- 源氏物語絵巻の絵を提示して、「この女の人は、どうして右手に扇を持って、顔をかくしているのでしょう？」→平安時代の貴族の暮らしを追究。「寝殿造にトイレはあるか」と問いかける。
- 「ずいずいずっころばしごまみそずい……という歌の本当の意味はどんなことでしょう」

このようにして、子供たちから驚きや困惑、感動を引き出し、追究せずにはいられない状態になることをねらっていました。

ただ、このようなネタは、教師の専売特許ではなく、有田は次のように述べます。

資料1　教材化の方法（上からの道と下からの道）

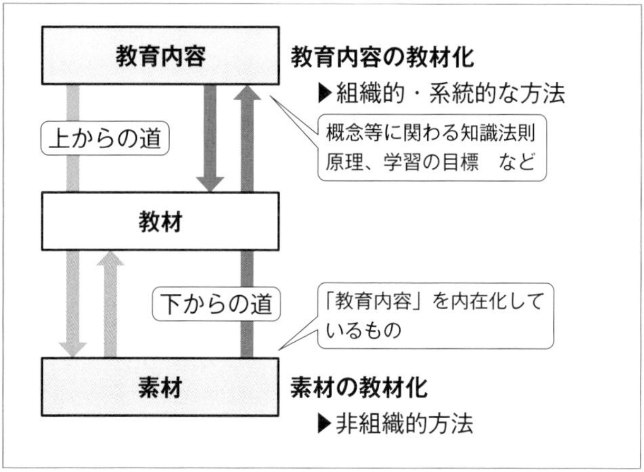

出典：藤岡信勝『教材づくりの発想』日本書籍、1991年を参考にして筆者作成

子どもたちも、おもしろいネタを開発して、教師や他の子どもにゆさぶりをかけることができる。[注③]

このことは、教師が子供たちの知的好奇心を引き出すことで、子供が自らの興味・関心を広げ、自分でおもしろいネタを探してくるような状態になることを示したものであり、子供が個性的な追究を進める上で非常に重要な視点です。子供たちの知的好奇心を刺激し、子供が自ら追究活動に進むきっかけをつくるのは、ほかならぬ教師です。

2　ボトムアップの教材開発

前述したとおり、前項の「構造化」はトップダウン的な意識が強いのですが、有田の教材はボトムアップ的な捉え方だと言えます。教材開発に関しては、**資料1**のように上からの道と下からの道がありますが、有田の教材化はまさに下からの道でしょう。

有田は、「目標→内容→方法」という順番ではなく、どんなネタで勝負するかをはじめに考えることを奨励しています。ネタが決まってから目標を設定すればよいとさえ述べます。まずは子供たちがおもしろがるネタありきという考え方であり、教師がおもしろいネタを提示できれば、社会を見る子供の眼も肥えていくという考え方です。

「授業のネタさがし」を第一にして研究しなければ、本当におもしろい授業、子供の追究する授業になっていかないのではないかと有田は主張しました。有田が主張するようなおもしろいネタを発見しようとするのであれば、教師は日常から「ネタになりそうなものはないか？」とアンテナを張り、感度を高めながら生活する必要があるでしょう。

提案① 学習者主体の授業とはどういうものなのかを捉える

有田のネタ論は広がりを見せます。しかし、同じネタを使っても同じような展開にはならないとの報告もありました[注④]。その理由として、授業での指示や説明、発問のタイミングなど、教師の手立てや指導技術的なことも考えられますが、私は子供の鍛え方、育て方が異なっていたからだと捉えています。

有田実践におけるネタ開発は重要です。しかし、有田実践において特筆するべきは、「追究の鬼[注⑤]」と称するように、子供が追究する方法論を実践から見いだした点です。有田は、「追究の鬼」を育てる条件を次のようにまとめています[注⑥]。

第一に、問題発見力をつけることである。いろんなものに好奇心をもち、「はてな？」を発見できる「みる目」（着眼力）を育てる。

第二に、問題を発見したら、必ず調べるように導き、調べる力を伸ばす。多様な調べ方、情報の入手のしかたを身につけ、それを検討して判断できる力を育てる。

第三に、調べ、考え、判断したことを、必ず書くようにさせる。表現力がなければ鬼とはいえない。豊かな表現力をつけたい。

第四に、以上のことを「楽しむ」ようにしむける。学習しているつもりではなく、「遊んでいる」気持ちで調査活動ができるようになったとき、「追究の鬼」といってよいだろう。

学習者主体の授業になりうる条件は、子供自身の眼を育てることであり、子どものものごとを見る眼、子供の見方・考え方を養うことです。つまり、子供の育て方、育ち方が重要だということです。

そこで、有田の子供の育て方、子供の技能習得の手立てに着目し、子供がどう学びを深めたのかについて焦点を当てます。それが、今後重要視されている「学習者主体」の授業を追究するうえでのヒントになると考えるからです。

1 子供の見る眼を育てる

有田はまず子供たちの見る力を鍛えなければいけないと述べます。

手で見ること、足で見ること、頭で見ること、心で見るという「見ること」を基本とします。こうした諸感覚を使って、「具体的に見る力」「関係的に見る力」「視点をかえて見る力」を育てるようにしています。

- 見る力が育てば問題を発見できるようになり、追究をはじめる。
- 問題発見力が高くなるということは、子供の感度があがり、日常の中から問題を発見できるアンテナが立つということであり、様々な社会的事象の「おもしろさ」や「不思議さ」に引っかかるようになる。
- 追究する経験を重ねて追究力を高めることで、よりよく問題解決を図れるようになり、その過程で事実的知識や概念的知識[注⑦]を獲得する。
- そして、獲得したそれらの知識とその子の思いや願いが合わさることで、その子独自の表現ができるようになる。

このようにして、**見る力が育てば表現も豊かになる**ということなのです。

その表現を教師が見ることで、子供の観察力の育ち方を見取ることができます。これらの関係を、有田の図をもとにして

資料2　子供の見る眼を育てる関係図

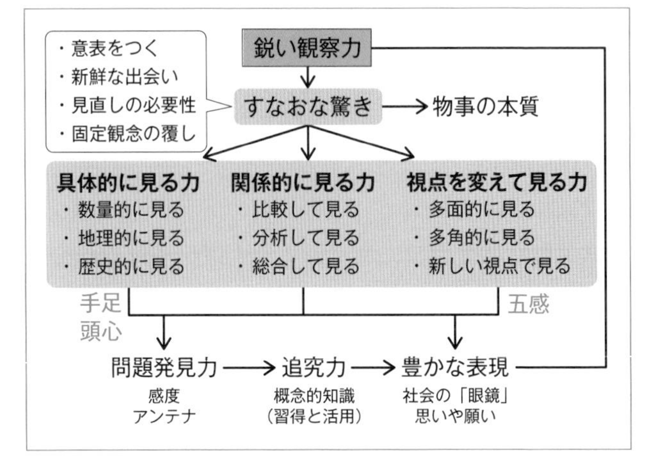

出典：有田和正著『子どもの「見る」目を育てる』明治図書出版、1986年を参考にして筆者が加筆・修正して作成

資料2のように加筆してまとめてみました。

2 問題発見力を鍛える

これらの力は自然と子供の身に付くわけではなく、まさに「鍛える」視点が不可欠です。子供は物事を見ているようでいて、案外見ていません。それは、「見る」ことに対する意識が低いからです。有田は、「『みえている』（網膜に写っている）のを、『見る』ようにしなければならない」と述べ、そのために教師の「問いかけ」が必要だと主張します。注⑧

「問いかけ」とは、「はてな？」を子供になげかけることです。または子供の発言に対する「問い返し」だとも考えられるでしょう。これは単に「教師―子供」の関係だけでなく、「子供―子供」の関係でも成り立ちます。子供たちが学び合う中で問い合えるような学級集団をつくっていくことが重要です。

「見えている」ものを「見る」ようにし、「見る」が「よく見る」ようになると、諸感覚を使って観察し調べるようになります。よく見て観察し、調べれば調べるほど「はてな？」が見付かり、「じっと見る」ようになります。

じっと見て観察することでしかわからないことが多く出現し、子供はさらに「はてな？」をもちます。それが気になり、「見つづける」ようになり、見つづけることでそのものの本質を見ぬき、「見やぶる」ようになります。見つづけるようにするために「視点を変えて見る」ようになります。

子供たちが「見えている」→「見る」→「よく見る」→「じっと見る」→「見つづける」ようになるための問いかけや働きかけを何度も繰り返すことで、子供たちは対象をどのように見ればよいのかがわかるようになります。

子供任せにするのではなく、不十分なところがあれば教師がゆさぶったり、問い直したりしながら子供自身に新たな気付きを得させることが重要です。また、子供たちが自然と自分自身に「問いかける」ような教材を用意することも必要でしょう。そうすることを繰り返し、子供の眼が鍛えられ、自ら育ち、問題発見する力を付けていくと考えられます。

3 既知から未知へ

1時間授業の終末場面では、授業内容をまとめて終えることが多いのではないでしょうか。また、ただ何となく流れに従って「こなす授業」も多く行われている実態もありそうです。

「こなす授業」をし続けても子供の眼は育ちません。十分な「間（ま）」（授業内や授業間の時間的空間）を与え、その間の中で子供たちがするどい思考を巡らせるようにする必要があります。そのため有田は、オープンエンドで授業を終えることを奨励しました。

次頁の**資料3**に示すとおり、本時の学習をまとめて問題を解決し、安定した状態で授業を終えることも重要です（これまでの授業(A)）。それに加え有田（1989）は、「未知→既知→未知」という状態で終わるオープンエンドの授業（新しい授業(B)）が望ましいと提案します。

未知で授業を終えると、子供の追究意欲を引き出せるからです。「既知→未知」にするために必要なのが「ゆさぶり」です。ネタでゆさぶったり、問いかけでゆさぶったりします。「本当にそれで平和だと言えるのですね？」「みなさんの安全を守っているのは信号機だけなのですね？」など、わかったと思っていたことが実は本質的に何もわかっていないことを子供たちに自覚させます。そこから新しい疑問が生じ、また新たに子供の追究活動がはじまります（個人研究(C)）。

資料3　新しい授業のあり方

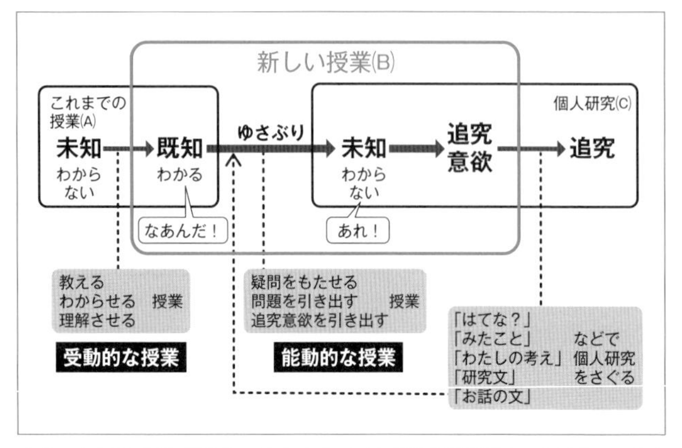

出典：有田和正著『「追究の鬼」を育てる』明治図書出版、1989年、18頁

この追究活動を行うのが、授業と授業の間（ま）です。有田は、子供が追究したことは必ず書くようにしむけていました。[注⑨] 圧倒的に書くことを推奨し、書くことで子供の学習技能を鍛えていました。

そして、子供が書いたものをもとに有田は、「こうするともっとおもしくなるのではないか」と提案したり、「ここを調べてくるともっと深くなるのではないか」と示唆したりしながら、その子との「やりとり」を多くとりました。この「やりとり」を続けることで子供の追究力があがり、子供はさらにおもしろくなるのでしょう。間（ま）で追究できる子供の眼や技能を育てておかなければいけません。

また、有田は授業の中でもその子が追究してきたことや書いてきたことを取り上げ、その子の追究を授業の中で活かすようにしました。子供が追究してきたことに対する有田の姿勢が重要です。子供の追究や表現に対する教師の向き合い方や、向き合うことの厳しさを教えられているようです。

4 「ズレ」を引き出す

資料4 「ズレ」と問いの関係性

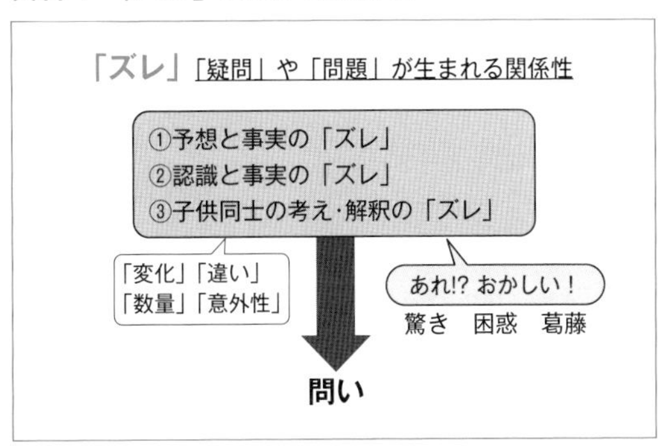

ここで**資料2**に戻りますが、子供から素直な驚きを引き出せるようなしかけが必要です。そのポイントが「意表をつく教材を用意すること」「新鮮な出会いをさせること」「見直しの必要性を感じさせること」「固定観念を覆すこと」などです。

子供たちの既有の知識や経験では説明できない新しい事実に出合わせたり、子供の認識とまったく違う事実に出合わせたりすることで、驚きや困惑、葛藤が生まれ、子供の「問い」を引き出す鍵となります。つまり、いかにして「ズレ」を生み出すことができるかが重要です。

資料4のように、「ズレ」には「①予想と事実のズレ」「②認識と事実のズレ」「③子ども同士の考え・解釈のズレ」があります。例えば、フードロスの量が自分の予想していた量と桁違いに多いという事実に出合ったときに子供たちは驚き、「なぜ、こんなに多くのフードロスが起こっているのだろう？」という問いをもちます。

ただ、そもそも問いかけが弱い子供は容易に問いを発見できるわけではありません。子供によっては時間をかけて問いが生じる子もいます。活動を通して問いを醸成することも必要です。

例えば、次などが考えられます。

- 対象をじっくりと調べる時間を設ける。
- 話し合いを通じて、友達の考えに耳を傾ける。
- 実物などに十分に触れる時間を設ける。
- NHKフォースクールなどの視聴覚教材をみたり聞いたりする。

●現地を見学する。

問いを発見できる子供の眼を時間をかけて育てていくことが重要です。

5 「社会の眼鏡」を手に入れる

資料5　社会的事象を学んで得た見方・考え方を活かす

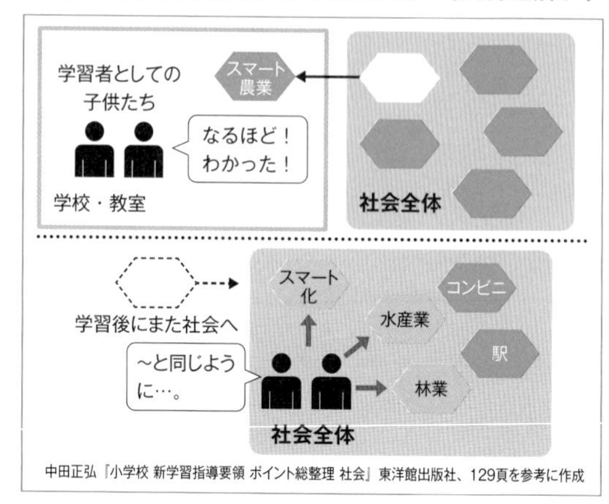

中田正弘『小学校 新学習指導要領 ポイント総整理 社会』東洋館出版社、129頁を参考に作成

有田は、目に見えないものを見えるようにする子供の眼を育てようと考えていました。目に見えないものを見えやすくするには、子供のものの見方や概念的知識が必要です。

概念的知識は、社会の関係性をよりよく見えるようする「社会の眼鏡」のようなものです。子供の眼が育ち、多くの「社会の眼鏡」を手に入れることで、子供は豊かに社会を見られるようになります。

たとえば、「スマート農業」という社会的事象について学習する際、子供たちは社会的事象の見方・考え方を働かせて学び、スマート化することで収穫量が増えたり作業時間を減らしたり、高齢化問題に対応しながら持続可能な方法であることがわかります。つまり、スマート農業に関する意味や特色を理解します。

スマート農業の学習で得た見方や知識をもって、社会全体を再度見たときに、他の社会的事象が豊かに見えるようになります。例えば、水産業や林業でもスマート農業が取り組まれているのではないかと予測的に見たり、その他、駅やコンビニでもスマート化されていることに気付いたり実感したりします。一つの社会的事象を教室で学び、そこで得た見方や知識をもってまた社会を見ることで、社会全体が豊かに見られるようになります。

見方や概念的知識は教師が与えるという視点だけでなく、子供自身が獲得し、適用できる眼を育てていく視点が重要であり、これからの社会科にとっても大切にしていきたいことの一つです。

【未来志向の社会科に向けた課題解決の糸口】

①ボトムアップ型の教材研究を意識し、子供が興味・関心を示すようなネタを教師が探すようにする。そのネタをきっかけに、子供自身が興味をもってさらに追究できるような態勢をつくる。

②子供たちが自分自身の見方を発展させ、より豊かな視野で社会を理解できるように、概念的な知識を獲得することを意識する。

（宗實直樹）

［注］

①有田和正『「ネタ」を生かす授業づくり』明治図書出版、1988年、53頁

②有田和正『教材発掘の基礎技術』明治図書出版、1987年、149〜158頁

③有田和正『教材発掘の基礎技術』明治図書出版、1987年、162頁

④石橋卓「低学年『ポストづくり』の発問を追試して」、『教育科学社会科教育（No.286）』1986年7月号、10〜19頁に詳しい。

⑤「追究の鬼」という言葉は、長岡文雄『子どもをとらえる構え』黎明書房、1975年、22頁に記されている。「追究の鬼」という言葉の初出や使用に関する意見等を、長岡は『授業を磨く』47〜51頁の中で有田に対して厳しく言及している。

⑥有田和正『「追究の鬼」を育てる』明治図書出版、1989年、24、25頁

ちなみに有田は同書の277頁で、「追究の鬼の条件」について、現時点のもので変わることもありうるということをことわりながら、次のようにまとめている。

1　問題発見力が鋭く、平凡なことの中におもしろい「はてな？」を発見できる。好奇心が旺盛である。

2　調べることがうまく、「はてな？」を発見したら必ず調べる。それも、多様なネットワークを使って、継続的に調べる。

3　調べたり、考えたり、判断したりしたことを必ず文に表現する。

4　ユーモアのセンスがあり、ものごとを温かく、おもしろくとらえ、周りの人々を明るい気持ちにする。

5　やさしさや思いやりの心があり、まわりの人々を温かく、明るくする。

6　以上のことが、わざとらしくなく、自然にさりげなくできる。

⑦概念的知識とは、社会的事象の目には見えない関係性を説明するための知識のこと。

⑧有田和正『学習技能を鍛える授業』明治図書出版、1996年、200頁

⑨有田は「はてな？帳」という名のノートを子供たちにもたせ、常に書かせるようにしていた。有田は「はてな？張」を「子どもたちが、毎日の生活や学習の中で『はてな？』『おもしろいなあ』『不思議だなあ』と思うことを、調べたり、考えたり、たずねたりして、自分の考えをまとめて書くものである」としている。

「はてな？」帳については、「有田和正主宰『追求の鬼』を育てる(2)」特集「『はてな？帳』で育てる追求の鬼」『有田式指導案と授業のネタ別巻１』（『授業研究21　1994年５月号臨時増刊）に詳しい。

【第７章：参考・引用文献】

［１の参考・引用文献］
・永田時雄著『現代社会の課題にどうせまるか』明治図書出版、1965年
・上田薫編集代表著『社会科教育史資料４』東京法令、1977年
・江口武正著『村の五年生－農村社会科の実践』新評論社、1956年
・長岡文雄著『子どもをとらえる構え』黎明書房、1975年
・鈴木正気著『川口港から外港へ―小学校社会科教育の創造』草土文化、1978年
・大津和子著『社会科＝一本のバナナから』国土社、1987年

［２の参考・引用文献］
・「学習指導要領　社会科編Ⅰ（試案）」昭和22（1947）年
・「学習指導要領　社会科編（試案）」昭和26（1951）年
・「学習指導要領　社会科編」昭和30（1955）年
・山口康助編『社会科指導内容の構造化』新光閣書店、1964年
・平田嘉三・香中社研共編著『社会科における学習構造』葵書房、1966年
・香川県社会科教育研究会編著『社会科学習構造化指導細案』明治図書出版、1968年
・ブルーナー著、鈴木祥蔵・佐藤三郎訳『教育の過程』岩波書店、1963年
・佐藤三郎著『教育の現代化運動』明治図書出版、1968年
・広岡亮蔵著『ブルーナー研究』明治図書出版、1969年
・佐藤三郎編著『ブルーナー理論と授業改造』明治図書出版、1972年
・佐藤三郎著『ブルーナー「教育の過程」を読み直す』明治図書出版、1986年
・北俊夫著『社会科学力をつくる“知識の構造図”―“何が本質か”が見えてくる教材研究のヒント』明治図書出版、2011年
・北俊夫著『“知識の構造図”を生かす問題解決的な授業づくり』明治図書出版、2015年
・森分孝治著『社会科授業構成の理論と方法』明治図書出版、1978年、102～112頁
・岩田和彦著『社会科の授業設計』明治図書出版、1991年
・沖山光、山口康助ら著『教科における思考と構造―国語・社会・算数・理科』東洋館出版社、1966年

［３の参考・引用文献］
・有田和正著『「ネタ」を生かす授業づくり』明治図書出版、1988年
・有田和正著『教材発掘の基礎技術』明治図書出版、1987年
・藤岡信勝著『教材づくりの発想』日本書籍、1991年
・石橋卓著「低学年『ポストづくり』の発問を追試して」『教育科学社会科教育（№286）』1986年７月号
・長岡文雄著『子どもをとらえる構え』黎明書房、1975年
・長岡文雄著『授業をみがく』黎明書房、1990年
・有田和正著『「追究の鬼」を育てる』明治図書出版、1989年、24、25頁
・有田和正著『子どもの「見る」目を育てる』明治図書出版、1986年
・有田和正著『学習技能を鍛える授業』明治図書出版、1996年
・有田和正著『「追究の鬼」を育てる』明治図書出版、1989年
・「有田和正主宰『追求の鬼』を育てる(2)」特集「『はてな？帳』で育てる追求の鬼」『有田式指導案と授業のネタ別巻１』（『授業研究21』1994年５月号臨時増刊）
・有田和正著『有田式指導案と授業のネタ別巻１』明治図書出版、1992年
・安野功ほか編著『小学校新学習指導要領ポイント総整理　社会』東洋館出版社、2017年
・有田和正著『子どもの生きる社会科授業の創造』明治図書出版、1982年
・有田和正著『有田和正著作集7巻』明治図書出版、1989年

第8章

これから社会科が充実・発展するためにはどのような視点が必要か

1

どのようにして社会科で求められる問い（学習問題）を成立させるか

課題意識

一般に社会科授業は、具体的な社会的事象に対して、問い（学習問題）を設定し、資料等を活用しながら思考・判断し、学習問題を解決するための知識を獲得していく過程だと考えられます。問いは教師が学習の目標に合わせて意図的に提示する場合もあれば、子供が発見する場合もあります。しかし、いずれにしても問いの発見は学習のスタート（スイッチ）だと考えられます。

それでは、社会科ではどのような問いが求められるのでしょうか、問いは、どのようなときに成立するのでしょうか。どうすれば子供の中に多様で、切実な問いを成立させることができるのでしょうか。

ここでは、主体的・対話的で深い学びの実現という観点から、社会科授業実践で求められる問いについて検討します。次に問いが成立する要件や成立させるための方法について考えます。

提案① **社会科において主体的・対話的で深い学びの授業を実現するには、子供にとって切実性のある多様な問いの成立が必要である**

1 主体的な学びの実現―「問い」の発見

現行学習指導要領（2017年）では、主体的・対話的で深い学び、いわゆるアクティブ・ラーニングを大切にした授業づくり・授業改善が求められています。中央教育審議会答申（2016年、以下「答申」という）では、「主体的な学び」について次のように説明しています。

> 学ぶことに興味や関心を持ち、自己のキャリア形成の方向性と関連付けながら、見通しを持って粘り強く取り組み、自己の学習活動を振り返って次につなげる「主体的な学び」　　（下線は筆者、以下も同様）

学ぶことに興味や関心をもっている子供、見通しをもって粘り強く取り組む子供、活動を振り返って次の学習につなげる子供、そのように学んでいる子供は、次のような問いをもっていると考えられます。

①活動誘発型の問い：「え、本当」「不思議だ」「変だ」「面白そうだ」
②疑問追究型の問い：「なぜか、どうしてか」「どうなっているか」「どうなっていくか」
③欲求実現型の問い：「調べてみたい」「考えてみたい」「実際にやってみたい」
④自己評価型の問い：「どこまで解決できたか」「何が解決しなかったか」「どうしたらもっとうまく解決できるのか」
⑤活動発展型の問い：「まだここが分からない」「どうしても調べてみたい」「次はここを考えてみたい」

ここにあげた①～⑤の問いの成立は、およそ単元の学習展開の流れに対応していると思います。現在、主体的に学習に取り組む態度の育成として、自らの思考の過程を客観的に捉えたり、自己の学習活動を振り返って次につなげたりする自己調整の活動が求められています。

④自己評価型や⑤活動発展型の問いは、学習を自己調整する場面で求められる問いだと考えられます。このような多様な問いが一人一人の子供にとって切実な形で成立する、いわば「自分事として考える」社会科の学習が求められています。

2 対話的な学びの実現―「問い」の共有

「対話的な学び」について「答申」では次のように述べています。

子供同士の協働、教職員や地域の人との対話、先哲の考え方を手掛かりに考えること等を通じ、自己の考えを広げ深める「対話的な学び」

多様な問いをもつことを主体的に学んでいる子供の具体的な姿として捉えました。

対話的な学びとは、友達や先生、専門家といった、自分と異なる立場やその考え方にふれながら、自己の考えを広げ深める自分自身との対話であり、問いを他者と「共有」し、探究していく学びと捉えることができます。

主体的・対話的な学びは、子供が社会の問題を発見・把握し、それを自分事として考える学びであり、収集した資料等を読み解きながら熟考し、多様な立場から多角的に考える、「独りよがりではない学び」だと言いかえることができます。

3 深い学びの実現―「問い」の深化

「深い学び」の視点からの授業改善には、社会科という教科の特質に応じた「見方・考え方」を働かせる学習の充実が求められます。

文部科学省「小学校学習指導要領解説　社会編」(2018年) では、社会的事象の見方・考え方について、社会的事象の意味や意義、特色や相互の関係を考察したり、社会に見られる課題を把握して、その解決に向けて構想したりする際の「視点や方法」だとしています。

社会的事象の見方・考え方を働かせるとは、ある視点に着目しながら社会的事象について調べ、見いだした事象を比較・分類、総合、関連付けたりしながら考えたり、選択・判断したりする学び方のことです。

このような社会的事象の見方・考え方を働かせる学習において、子供に発見させたい問いとして次の３つをあげたいと思います。

①社会的事象を見いだすための問い：「いつ、どこで、誰が、なに

を、どのように、どのような」

②社会的事象の相互関係や意味・意義、特色を考察するための問い：「なぜか」「特色（違い）は何か」

③社会に見られる課題を把握してその解決に向けて構想するための問い：「～は善いか（悪いか）、望ましいか（望ましくないか）」「いかに～すべきか、何を選択すべきか」

これらは社会科という教科の特質を踏まえた基本的な問いです。このような**問いに基づく子供の連続・発展的な追究活動が、社会科として求められる深い学びにつながっていく**と思います。

なお、本書第５章において、小学校社会科から中学校社会科までを通して育成したい能力の一つとして批判的思考力をあげました（詳しくは第５章を参照ください）。

批判的思考力は、見かけに惑わされず、多面的に捉えて、社会の本質を見抜く力であり、変化の激しいこれからの社会で必要とされる社会科でこそ育成すべき能力だと述べました。批判的思考力を育成する問いは、「その情報の背後にはどのような価値観や立場性があるか」「その情報は、どのような組み立てになっているか、どのような提示の方法をとっているか」です。

小学校社会科では、上述した①～③の問いによる社会科学習を充実させることが批判的思考力の育成につながると思われます。

具体的には、まず社会的事象や問題に対して「どのように、どのような」「なぜ、どうして」「いかに～すべきか」と問いかけます。そして、推論によって事象や問題の背景を熟考したり、異なる立場から多角的に考えて有効な解決策を選択・判断したり、自分なりの意見や考えをもちながら他者に伝え合うことによってお互いの考えを深めたりする活動がその育成の基盤になると考えます。

提案② 教師の「教えたいこと」を子供の「学びたいこと」に転換するには、学習内容につながる問いを成立させる手立てが必要である

1 問いが成立する要件とは

宇佐美氏は、問い（問題）の成立について次のように述べています。[①]

事実や情報の持つ意味について、自分の経験（見たこと、したこと、知っていること、感じていること等）に照らし合わせながら考える中で、矛盾・対立・葛藤が意識された時に問題が成立する。

「矛盾・対立・葛藤」とは、自分の経験と照らし合わせたときに子供が感じた「ずれ」であり、この「ずれ」を「ずれ」として意識できたときに、子供の中に問いが成立するのだと考えられます。

以下は、小学校の社会科授業において、子供が矛盾・対立・葛藤を意識する場面（問いの成立）の事例です。[②]

○新たに得た情報がこれまでの自分の既有知識と矛盾する場合
「お墓は寂しいところにある。どうして東京23区のまん中に公営墓地があるのだろう」
○新たに得た情報が自分や地域、社会の人々の考えと対立する場合
「利用客が減少し、長い歴史をもつ商店街がなくなろうとしている。しかし地域の人々の交流の場である商店街をなくしたくない」
○同じ事実に対する考え方が、子供同士で異なったり社会において複数の考え方が存在したりする場合
「地域開発か自然保護か」「コンビニの24時間営業の是非」

これまで行われてきた優れた社会科授業実践に見いだされる授業の

「よさ」とは、この「ずれ」を「ずれ」として子供に意識させる、つまり問いを成立させるための工夫された手立て（教師のしかけ）として捉えることができます。

2 問いを成立させる手立て

教師には学習の目標をふまえて、子供に「教えたいこと」があります。一方、子供には自分の興味や経験に照らし合わせながら考えるという「学びたいこと」があります。

社会科教師の手立ては、この「教えたいこと」を「学びたいこと」にどのように転換させるかに関わります。前述したように、学習のスイッチが問いの成立であれば、「教えたいこと」につながるような問いを成立させる手立てが大切になってきます。

子供がどうしても思考・判断し、表現したくなるような問いを成立させるための手立てとして、以下のような方法が考えられます。[③]

- 子供の生活経験と関連付けていく方法（身近な資料館・博物館の見学・調査、身近な公共施設の建設、オリンピックの参加国調べ）
- 体験的・作業的な活動の導入（地図・図表・年表づくり、パンフレットや歴史新聞づくり、ものづくり、提案書・アピール文の作成）
- ２つ以上の事象の水平的・垂直的比較（スーパーとコンビニ、50年前の買い物と今の買い物、貴族の生活と武士の生活）
- 既有の知識・経験では説明できない教材・資料の提示（植林をするカキ養殖業者、古代の人口増加、まっすぐなキュウリの秘密）
- 知的好奇心を喚起する教材・資料の提示（国産材を使用しているカートカン、100円ショップのひみつ、携帯電話の製造方法）
- 社会的な問題、論争的な問題として教材を提示していく方法（コンビニの24時間営業、風力発電用の風車建設、食糧自給率と輸入）

以上の問いを成立させる手立ては、学習の目標や子供の興味・関心、地域の実態や特色などを観点に選択され、必要に応じて組み合わせながら行われていると思われます。

3 問いが生まれる教材の開発

前述したように、主体的・対話的で深い学びを実現する社会科授業には問いの成立が不可欠です。そのためには、子供が「おかしい」「不思議だ」「変だ」「おもしろそうだ」と興味をもつ教材、「すごいな」と感動する教材、多様な問い、切実な問いが生まれる教材、調べ考えていくうちにさらなる問題が見付かる教材を開発していくことが必要です。

さらに未来志向の社会科授業には、次のような視点での教材化が必要だと考えられます[3]。

- 人間の問題解決の知恵（工夫・努力・協力）から学ぶことができる人の姿や地域素材の教材化
- グローバル化、情報化、多文化化、環境悪化、持続可能性、防災・安全など、社会の変化に伴って提起されている今日的な課題の教材化
- 答えのない問題や答えが複数あるような問題、簡単には答えが出ないような問題（社会的な問題や論争的問題）の教材化

【未来志向の社会科に向けた課題解決の糸口】
①社会科における主体的・対話的で深い学びを実現するには、子供にとって切実で、多様な問いを成立させることが必要である
②自分の経験とのずれを意識できたときに子供の中に問いが生まれ、問いを成立させるには教師の働きかけや適切な教材が必要である。

（加藤寿朗）

2 小学校社会科で「共に生きることの大切さ」をどのように学ぶか
―ダイバーシティ（多様性）への着目

課題意識

小学校社会科は、「グローバル化する国際社会に主体的に生きる平和で民主的な国家及び社会の形成者に必要な公民としての資質・能力の基礎の育成」を教科の目標にしています。

冒頭にある「グローバル化する国際社会」は、やがて子供たちが参画していく社会ではなく、現在の社会の姿でもあります。つまり、子供たちが学習対象とする「社会」は、すでにグローバル化、多様化している国際社会です。

そうした中で、「共に生きることの大切さ」を考え、その実現に向けた態度を身に付ける社会科はどうあるべきなのでしょうか。

提案① ダイバーシティ（多様性）に着目して「共に生きる」という理念を考えてみる

「共に生きる」という理念は、これまでの小学校社会科でも大切にされてきましたが、グローバル化や価値観の多様化などを背景に、ますます重要になってきていると思います。

近年、ダイバーシティという言葉をよく聞くようになりました。もともとアメリカで生まれた考え方で、社会的マイノリティの積極的採用や差別のない処遇に関して使われることが多かったのですが、現在その対象は、国籍や人種、性別、年齢、そして障がいの有無といった外面の特性から、性格や経歴、価値観といった内面の特性にも広がっています（堀井紀壬子2017、21頁）。また、多様な人材の能力を活用するというダイバーシティの考え方は、現代において企業の成長に欠かせない要素になっています。

さらに、2023（令和５）年６月に閣議決定された教育振興基本計画は、「『持続可能な社会の創り手の育成』及び『日本社会に根差したウェルビーイングの向上』」を基本的なコンセプトにし、2023年度から2027年度までの５年間をスパンとして、５つの基本的方針と16の教育政策の目標、基本施策及び指標を示しました。

「共生社会の実現」は、その基本方針の一つとして掲げられています。そこでは、一人一人が自分のよさや可能性を認識するとともに、あらゆる他者を価値のある存在として尊重する共生社会を実現していくことが求められています。そして、「個別最適な学びと協働的な学びの一体的充実」は、多様な子供の状況に応じた学びを進めるとともに、多様な他者と学び合う機会を確保するものであり、障害者の権利に関する条約に基づくインクルーシブ教育システムの推進とともに、共生社会の実現に向けて必要不可欠な教育政策の方向性であるとしています。

もちろんこれらの基本方針や、子供たちの多様性に配慮した教育を推進していくこと、集団の中でお互いを尊重し合う態度を育むことなどは、学校教育全体を通じて実現を目指していくことになります。

では、社会生活の理解を図ることを目指す小学校社会科では、どのように共に生きる社会の実現にアプローチしていくべきなのでしょうか…私は、**社会科においては、社会生活における多様性に着目し、理解を図る学習を充実させることが必要である**と考えます。

提案② 小学校社会科での「共に生きることの大切さ」の扱いを知る

小学校社会科は、「グローバル化する国際社会に主体的に生きる平和で民主的な国家及び社会の形成者に必要な公民としての資質・能力の基礎の育成」を教科の目標にしています。このように、共に生きる社会を実現してくことの大切さを考え、その態度を身に付けていくことは、社会科教育の目指すところであり、その意味において、「共に生きる」という理念は、すべての学習内容に内在すると考えます。

現行学習指導要領では、「共に生きることの大切さ」については、6年生の目標(3)、「学びに向かう力、人間性等」に関する目標に示されています。学習内容からみると、やはり内容(1)「我が国の政治の働き」と(3)「グローバル化する世界と日本の役割」がその中心になっているように思います。いずれも「現代社会の仕組みや働きと人々の生活」に区分される内容です。

具体的には、「日本国憲法」の学習では、憲法が基本的人権の尊重の原則に基づいて国民の権利を保障していることや義務を定めていること、「国や地方公共団体の政治」の学習では、事例として社会保障を取り上げた場合、高齢者や障害者の生活支援や介護、医療の充実、子育て支援などから具体的事例を選択し、人々の願いが実現していく過程を学習します。これらは、政治の役割という視点からのアプローチですが、**自分たちが生活している社会そのものの多様性に着目することで、誰もが安心してくらせる社会をつくるという視点からの学習がいっそう明確**になります。

また、「グローバル化する世界と日本の役割」では、我が国と経済や文化などの面でつながりが深い国の人々の生活を取り上げた学習、スポーツや文化などを通して他国と交流し、異なる文化や習慣を尊重し合うことを理解する学習などが進められています。国際交流や異文化理解等を視点とした共に生きる社会へのアプローチです。

これらの学習は、相互に理解し、共に生きる社会を実現していくことを考えるうえで重要な内容であり、今後も充実が期待されます。

さらに、共に生きる社会を考える際の見方・考え方につながる視点として、次の３点を提案します。

- 「多様な人材の活躍」という視点
- 「誰もが安心してくらせる」という視点
- 「様々な人がくらしている」という視点

提案③「共に生きる社会」を考える新たな視点

1 「多様な人材の活躍」という視点から「共に生きる社会」へ

多様な人材の活躍は、日本経済の持続的成長にとって不可欠となり、企業では、多様な人材を活かし、その能力が最大限発揮できる機会を提供することで、イノベーションを生み出し、価値創造につなげている経営を進めていくことが必要になってきています（経済産業省2023）。こうした昨今の急激な経営環境の変化は、小学校社会科の学習対象、とりわけ産業の学習の扱い方にも変化が求められるように思います。

例えば、５年生の内容⑶「我が国の工業生産」の学習では、「工業生産に関わる人々」に焦点を当て、消費者の需要や社会の変化に対応し、優れた製品を生産するよう様々な工夫や努力をして、工業生産を支えていることを学習します。ユニバーサルデザインやSDGsという考え方を大切にして生産活動が進められていることも学びます。しかし、そうした工夫や努力は、案外「工業生産にかかわる人々」によるものという大くくりな理解でとどまりがちです。

ここで大切にしたいのが、例えば、女性や障害のある人、外国人など、多様な人材が活躍し生産性を向上させているという視点です。**生産のシステムだけでなく、多様な人たちが相互に理解し合いながら仕事を進めているという捉え方**です。これは５年生の産業学習のほか、３年生の地域に見られる生産や販売の仕事の学習にも生かされる視点だと考えます。

2 「誰もが安心してくらせる」という視点から「共に生きる社会」へ

第４学年内容⑵「人々の健康や生活環境を支える事業」の学習では、ごみの処理を教材として授業を展開することが多くあります。関係機関の協力の下、ごみの処理は計画的に進められ、人々の生活環境の維持と向上に役立っていることを理解することがねらいです。さらに、自治体によっては、ごみ出しルールを地域に住む住民の母語で説明したパンフレットを作成したり、高齢者や障害のある方など、ごみや資源を集積所まで運ぶことが困難な方の負担を軽減するために、訪問回収を実施したりしています。こうした取組を取り上げることで、**社会の仕組みは効率も大切だが、多様性を尊重し、配慮することで、誰もが安心してくらせるようになることを学ぶ**ことができます。

グッドマン（2017、5頁）は、学校や企業、社会におけるダイバーシティに向けた取組は、文化的な違いを理解し受け入れ、尊重しようとする動きであり、思いやりある公正な社会で人々が共に生きていくために、たいへん貴重な試みであると評価する一方で、社会的公正という視点がないことを指摘しています。

グッドマンによれば、社会的公正という概念は、公平性や権力関係、制度化された抑圧にも関わっており、権力や資源をより公平に分配し、あらゆる人が尊厳や自己決定権をもって、心身ともに安全に暮らせる方向を模索するものであると言います。

県や市などの自治体でも、ダイバーシティを推進する視点から、既存のシステムやルールを見直し、柔軟なものへと改善していこうとしているところがあります。こうした視点からの学習は、やがて中学校、高等学校に進む中で、**社会的公正という視点から社会生活を見つめる素地**になるように思います。

3 「様々な人がくらしている」という視点から「共に生きる」へ

ここで取り上げた「様々な人がくらしている」という視点は、歴史学習を含め、多くの学習内容・単元で生かされます。

例えば、4年生の内容⑷「市の様子の移り変わり」の学習で「人口」を取り上げる際には、少子高齢化、国際化などに触れ、これからの市の発展について考えることができるよう配慮することが「内容の取扱い」に示されています。市や人々の生活の様子は、時間の経過に伴い、移り変わります。その中で、自分たちの町には様々な人がくらしていることを学習することが可能になります。

また内容(5)「県内の特色ある地域の様子」では、県内の特色ある地域（地場産業が盛んな地域、国際交流に取り組んでいる地域、自然環境や伝統的な文化を保護・活用している地域など）を事例に、人々が協力し、特色あるまちづくりや観光などの産業の発展に努めていることを学習します。**地域には様々な人がくらしている、その人たちが協力し、人々のくらしが成り立っている**という理解を深めることが、共に生きることの大切さを考えるうえで重要になると考えます。

ここまで、いくつかの内容・単元を例に検討してきましたが、実際にはこれにとどまりません。

2017年の学習指導要領が出される前に、中央教育審議会教育課程部会社会・地理歴史・公民のワーキンググループが、社会的事象の見方・考え方に関わって、「考えられる視点例」を作成しています。その中の「現代社会の仕組みや働きと人々の生活」の視点例として、「多様性と共生（共に生きる）」が挙げられています。本稿で提案した３つの視点は、「多様性と共生（共に生きる）」を、小学校の学習内容を踏まえ、より具体的に検討したものです。

共に生きる社会という理念は、例えば６年生の政治や国際理解等の学習で取り上げられていたと思いますが、これからの社会の在り方を考えたとき、「多様性」という視点をより顕在化させながら社会科授業を構想していくことが大切であると考えます。

【未来志向の社会科に向けた課題解決の糸口】

①「多様性と共生（共に生きる）」は社会生活の様子を捉えるうえで欠かせない視点であることを踏まえて、教材研究を進める。
②子供の発達の段階や学習内容に応じ「多様な人材の活躍」「誰もが安心してくらせる」「様々な人がくらしている」などの視点を使い分け、社会生活を具体的かつ多角的に捉えられるようにする。

（中田正弘）

3 どうすれば教材研究・教材開発を無理なく続けられるか

課題意識

社会科の教材研究や教材開発に対する関心が高まっている中で、「教材開発は重要だが時間がない」「教材研究の方法が不明瞭」という課題が浮かび上がります。このような問題は、他の教科に比べて特に社会科で顕著です。

そこで本稿では、開発の意義を明確にし、簡便で効果的な方法を紹介します。教材研究と教材開発の価値を強調し、教材を教育資産として最大限に活用するアプローチについて説明します。また、身近な教材としての教科書を活かし、持続可能な社会科授業を構築するヒントについて考察します。

提案① 教材研究・教材開発の意義を捉える

1 教材研究の３つの視点

「教材研究」について、３つの視点で整理してみます。

(1) 何を教えるか（教育内容の吟味）

教材研究の第一歩は、何を教えるかを明確にすることです。これは「教育内容」の吟味であり、概念や法則、学習の目標などを徹底的に検討します。教育内容が教材の基盤となり、学習の方向性を示します。

(2) どのように教材開発するか（教材開発方法の組織化）

次に、教育内容をどのように教材化するかを考えます。これは「教材化方法」の組織化であり、藤岡信勝が提唱する「上からの道」と「下からの道」のアプローチが存在します。[注①]「上からの道」は組織的で系統的な方法で、学習指導要領に合致する素材を選定し結び付けます。「下からの道」は非組織的な方法で、直感的に魅力的な素材を見付けて教育内容に結び付けます（資料１）。

資料１　教材研究の方法

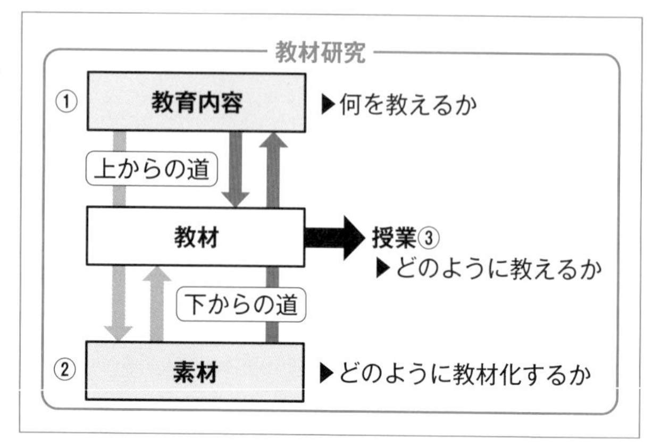

⑶　どのように教えるか（教材の実際の使用方法の構想）

最後に、実際の授業で教材をどのように活用するかについて考えます。これには、授業での教材使用方法や学習活動の計画、評価方法などが含まれます。子供たちの見取りや評価も考慮し、教材を効果的に活用するための構想が重要です。

2 教材開発の意義

教材開発は教育分野において極めて重要な役割を果たしており、その意義は大きく以下の３つにまとめることができます。

⑴　「見えないもの」が「見えるようになる」こと（資料２）

教材開発は、抽象的な教育内容や概念を具体的な形で表現し、視覚化するプロセスです。教師が教材を開発することで、教育の目標や内容がより明確になり、学習者にとって理解しやすくなります。**教材は教育内容を内在化し、学習者に「見えないもの」を「見えるようにする」手段として機能**します。この点で、教材開発は教育の効果を向上させる重要な役割を果たしています。

⑵　子供の見方が豊かになること（資料３）

教材開発は子供たちの視点を重要視し、子供の興味や問題意識に合った教材を開発するプロセスです。教師は子供たちを深く理解し、子供の個性や生活状況を考慮に入れて教材を選択し、学習の動機付けを促進します。また、子供たちの視点で教材を吟味することで、より魅力的で効果的な教材を創造できます。教材開発は子供たちの見方を豊かにし、教育をより相互関係的なものにします。

(3) 教師の人間性が磨かれること（資料４）

教材開発は広い視野と多角的なアプローチを必要とし、教師に情報収集や地域理解の機会を提供します。教材開発を通じて教師は自己成長

資料2 「見えないもの」が見えるようになる

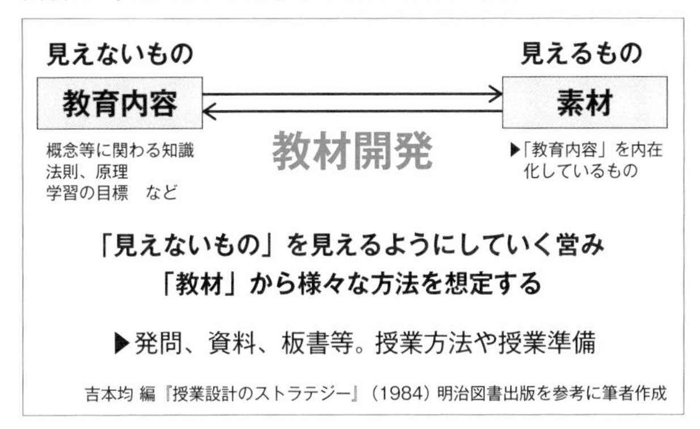

吉本均 編『授業設計のストラテジー』（1984）明治図書出版を参考に筆者作成

資料３　子供の見方が豊かになる

資料４　教師の人間性が磨かれる

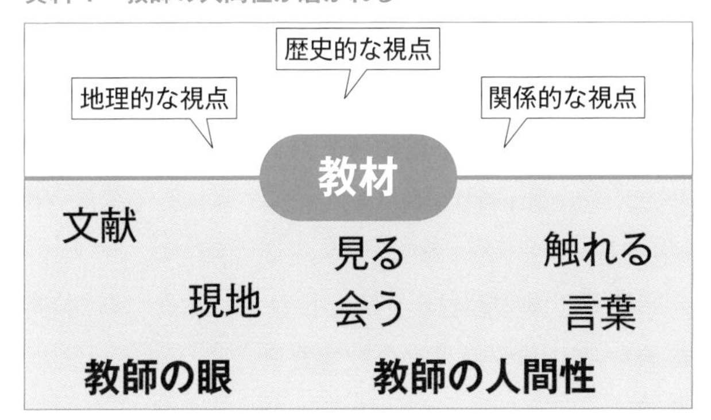

し、多様な視点を取り入れることで、豊かな人間性を育む機会を得ます。
　また、教材開発は教師の実践力を高め、教育の実践と密接に関連しています。教師は教材開発を通じて、教育の専門知識だけでなく、コミュニケーション能力や問題解決能力を向上させ、教育現場でより効果的に指導できるようになります。
　つまり、教材開発は教育の質を向上させ、学習者の理解力を深化させる重要なプロセスであり、また教師の成長と専門性向上に寄与する要素でもあります。
　教育現場において、教材開発の重要性を認識し、積極的に取り組むことが、より効果的な教育の実現につながるでしょう。

提案②　オリジナル教材は、年に１本開発すればよいと考える

1　長期休業に１本つくる

　教材開発は継続的に行うことが理想ですが、他の教材研究や業務もある中、その実現はなかなか難しいものとなっています。その負担を軽減するために、年間で１本のオリジナル教材を作成する目標を設定するのはいかがでしょうか。特に夏休みは教材開発に集中できる絶好の機会です。計画的にアプローチすれば、効果的な教材を作成できます。
　教材開発をはじめる際に、おもしろいものや価値あるものにひっかかる「アンテナ」を立てることが重要です。自分の興味や専門知識、教育目標に合った素材を見付けるために、意識的に情報を収集することが重要です（詳細な教材開発の手法やアイデアは、拙共著『社会科教材の追究』東洋館出版社、2022年をご参照ください）。
　年間で１本の教材を作成し続けていると、時間の経過と共に蓄積され、自分自身や学校の貴重な教育資産となります。また、地域独自の教材を開発することで、子供たちにとってより関心をもちやすい授業が行える

でしょう。

2 教材を「財産」として継承する

社会科の資料室や教材室が存在する学校は多いでしょう。しかし、その存在に対する意識と扱い方には大きなばらつきが見られます。教材室や資料室がある学校でも、その空間に対する取組や価値観は学校ごとに異なります。もちろん、学校の教室数や環境による制約も存在しますが、教育における資料や教材を保管し、次世代に継承していく姿勢が重要です。

資料室や教材室には、社会科の教育に欠かせない資料や教材が収納されています。しかし、教員の中には、その中身を把握していないケースや、ほとんど利用されていない状況も見受けられます。それでは教材や資料の存在意義を見失ってしまうでしょう。

そこで、資料室や教材室の中身を把握し、それを有効活用する方法を模索することが求められます。一つの方法として、教材や資料のリストを作成し、教員や教育コミュニティに共有することが考えられます。これにより、教材や資料を新たな教育のツールとして再評価し、活用する姿勢が醸成されます。

さらに、学校内での教材や資料の創成と継承においては、それが「共有財産」として認識されることが欠かせません。教材や資料は、一世代の教育から次世代へのバトンとして捉えられ、継承されるべきです。これにより、教育の連綿とした進化が実現し、教育の質が向上します。

つまり、「教材」の創成と継承は、社会科教育の重要な側面であり、教育コミュニティ全体での意識改革が求められます。教材や資料を保管し、次の世代へ受け継ぐ姿勢は、持続的な教育の向上に資するものであるといえます。

提案③ 教科書をすぐれた教材と考え、効果的に活用する

教材開発を積極的に行うことは確かに価値がありますが、日常的な取組としては既存の教材を最大限に活用することが現実的で効果的です。既存の教材を効果的に使いこなすことは、実際には非常に価値のある教材研究の一環です。そのため、身近にある教科書をより効果的に活用する方法に焦点を当てて取り組むことは、教育の質を向上させる一助となります。

特に社会科の教科書は、内容を徹底的に分析し、適切な授業設計を行うことで、学習目標を達成するための貴重なツールとして活用できます。

しかし、教師の中には教科書の活用方法に関する疑念や不明瞭な点があることがよくあります。

そこでここでは、教科書の効果的な活用に関するアプローチ方法を３つのステップで紹介します。

①学習内容の絞り込み

教科書の多くの内容や資料から、１時間の授業で効果的に伝える学習内容を厳選する段階です。教材の選定には、重要なトピックや概念を選び、子供たちに深く理解させる方法を考慮します。

②記述内容の分析・構造化

教科書の記述内容を詳細に分析し、社会的事象の因果関係やテーマを明確に捉えるステップです。この段階で教科書のメッセージや学習目標が理解され、授業の基盤が築かれます。

③問いの吟味

学習を深めるために、適切な問いを考案します。これらの問いは、子供の議論や探求心を引き出し、主題を掘り下げるのに役立ちます。

これらのステップを実践することで、既存の教材をより効果的に活用し、授業の質を向上させることができます。

資料5　教科書紙面を構成要素に分ける　　※紙面は簡略的に作成

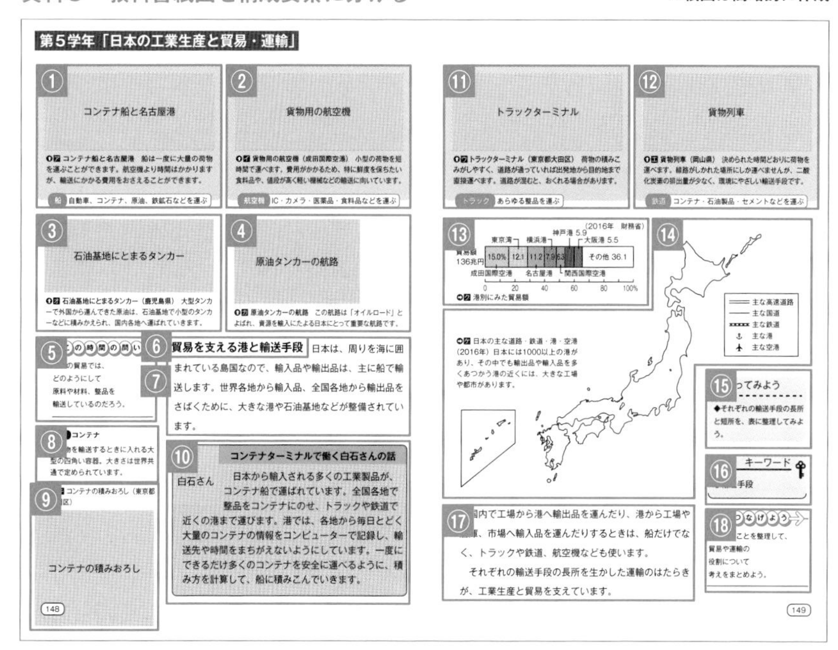

1　学習内容を絞り込む

教科書は様々な教師のニーズに応えるために多くの内容や資料で構成されています。1時間の授業の中ですべて扱えるわけではありません。より効果的に学習を定着させるために、学習内容を絞り込む必要があります。

(1)　構成要素を分ける

社会科の教科書は、子供たちが学ぶべき知識を文章で表現し、関連する資料（イラスト、写真、図表、地図、グラフ）を提供しています。教科書は主に6つの要素から成り立っており、これらの要素を理解することが大切です。例えば、**資料5**は18の要素から成り立っています。

まず、これらの要素を個別に分解します。次に、各要素がなぜそこにあるのか、何を伝えようとしているのかを考えます。

例えば、次のような疑問を自分に投げかけてみます。

- なぜ①②⑪⑫と4枚の写真が並んでいるのか？
- なぜ⑩のコンテナターミナルで働く人に関する資料があるのか？
- ⑮はなぜ表に整理することを促しているのか？

こうした疑問に対する答えが教科書に直接書かれているわけではないと思いますが、このような問いかけを通じて、各要素の意味がより明確に見えてくるはずです。

(2) 構成要素を結び付ける

教科書の構成要素は、単独ではなく相互に関連しながら紙面上に表現されています。効果的な授業を構築する際には、これらの要素を適切に結び付けることが重要です。これらの関連性を明確にするために、要素同士を線で結ぶなどの視覚的手法を活用することが役立ちます。

例えば、文章（「⑰」）と資料（「①②⑪⑫」）を結び付けることができます。文章に書かれた輸送手段の長所や短所が、資料で視覚的に示されています。また、別の例として、「⑮」の文章と結び付けることで、どのような学習活動を行うべきかが明らかになります。この場合、子供に「表にして比較する」といった学習活動を提案できます。

ただし、すべての要素が必ずしも結び付くわけではありません。文章は存在しても、関連する資料がないことがあります。逆に、資料があっても、文章の理解には追加の情報が必要な場合もあります。

例えば、「⑩」は「コンテナターミナル」に関連する文章ですが、この文章を理解するためには、「⑧」と「⑨」の資料だけでは不十分です。追加の資料が必要であり、それによって「大量のコンテナの情報をどのようにコンピューターで記録しているのか」や「どのように積み方を工夫しているのか」といった問いをつくり出すことができます。

(3) 構成内容を精選する

構成要素を結び付け、関係性を明確にした後、授業内で重点的に取り上げる要素と、軽く触れる要素を決定します。これによって、学習内容を焦点化します。言い換えれば、「軽重を付ける」ことが重要です。以下は、具体的な学習内容や活動、留意点の例です。

■主に扱う構成要素と軽く扱う構成要素を分けて授業を構築する際の考慮点

1　資料から船、航空機、トラック、鉄道の輸送手段の特徴を読み取る。
　・子供に資料から情報を抽出するスキルを養う。
2　各輸送手段の長所と短所を表にして比較する。
　・比較表を通じて、異なる輸送手段の利点と制限を理解させる。
3　目的に合わせた輸送手段と運輸の働きについて理解する。
　・特定の輸送手段が特定の目的に適している理由を考察させる。
4　多くの輸送で使用されるコンテナについては資料を補足して説明する。
　・コンテナの重要性と役割を強調し、関連する資料でサポートする。

これらの要素を整理し、1時間の授業プランを構築することができます。授業の時間配分や具体的な教材の選定など、実際の授業設計に役立ちます。

2 記述内容を分析・構造化する

岩田（1990）[注②]によれば、教科書の記述内容を有効に活用するために必要なスキルの一つとして、「記述内容の分析・構造化技術」が挙げられています。

この技術は、教科書に記載された社会的な事象や情報の関係性を理解することを指します。具体的には、教科書の記述内容を分析し、それを体系的に整理することで、社会的事象の因果関係を把握し、それをもとに授業の設計を行うスキルです。

資料６　記述内容の構造化（岩田、1990を参考に筆者作成）

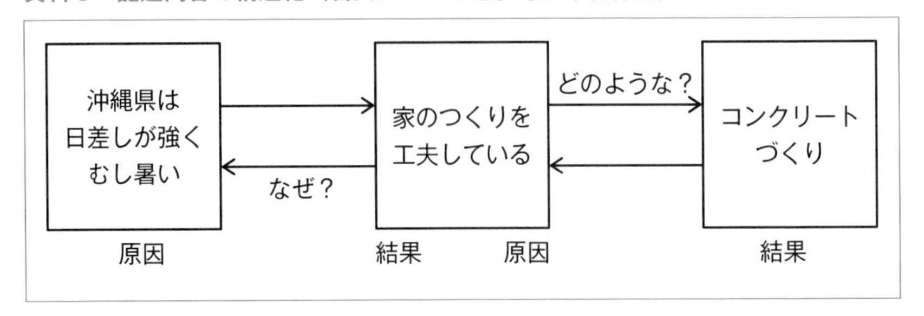

以下、具体的に説明します。

沖縄県の夏は、日ざしが強く、むし暑い日が続きます。また、沖縄県に近付く台風の数は、他の地域に比べると多く、昔から大雨や強風の被害を受けてきました。雨は降るものの、雨水をたくわえる森林の多い山が少なく、大きい川もないため、水不足になやまされることもありました。

沖縄県にくらす人々は、むし暑さや台風、水不足に備えて、家のつくりなどにさまざまなくふうをしています。

『小学社会５』教育出版（2020）、34頁

この文章から社会的事象を読み取り、それを構造的に分析すると、**資料６**のような構造が浮かび上がります。

この構造に基づいて、以下のような授業設計につながる問いを考えることができます。例えば、

（問１）どのような工夫が家のつくりに見られるのか？
（問２）なぜ住民は家のつくりを工夫しているのか？

これらの問いを通じて、具体的な家のつくりの工夫や、高温多湿な地域の気候に対する対策について学ぶことができます。このように、教科書の記述内容を活用して、社会的事象間の関係を因果関係として理解し、それをもとに授業を設計することができます。

3 問いを吟味する

教科書はスペースの制約からすべての内容を網羅することが難しく、そのために教科書内には明示されていない多くの「問い」が存在します。これらの「問い」を発見することが重要です。その際、以下の２点に留意します。

①問いの種類の識別

教科書内から見付けた「問い」が、事実的な知識を求めるものか、概念的な知識や価値的・判断的な知識を探求するものかを明確に分析します。これによって、教科書内の問いが授業でどのように活用されるべきかを理解できます。

②「なぜ」の問いの創出

授業内容を深化させるために、見付けた問いから意図的に「なぜ」に関連する問いを生成します。「なぜ、ある事象が起こるのか」その背後にある原因や影響を追究することで、学習が深まります。

このようなアプローチを通じて、教科書内に内在する問いを発見し、それらを分析・構造化する方法を習得することで、授業設計や単元の進行を効果的に計画するスキルを向上させることが可能です。

(1) 教科書に内在する「問い」を見付ける

岩田（1990）[注3]は、「教科書記述から『隠された問い』を抽出し、抽出された『問い』をどのように組み立てていくかが、授業設計の基本となる」と述べます。

前述したとおり、教科書には明示されていない「問い」が多いのです。例えば、以下のような教科書の記述内容を文ごとに分けてみます。

①近年、日本をおとずれる外国人観光客が増えてきています。
②そこで、日本語がわからない人でも情報を得やすいように、観光客が利用する交通機関や施設では、さまざまな情報通信技術を取り入れています。

③観光客がスマートフォンなどを利用して情報を入手すると、「いつ、どこで、何を調べたたか、どれぐらいいたか」などのデータが、インターネットを通じて残ります。
④情報通信技術が発達してきたことで、観光客が残すデータも大量に集まるようになりました。
⑤そのデータをさまざまなかたちで分析して、地域の新たなみりょくを発見し、さらに広めようとする取り組みが各地で始まっています。

『小学社会５』教育出版（2020）、192、193頁

それぞれの文は、次のような問いに対する答えとして書かれたものです。

①外国人観光客の数はどうなっているのか？
②外国人観光客が利用する交通機関や施設では、何を取り入れているのか？
③外国人観光客がスマートフォンなどを利用すると、どのようになるのか？
④情報通信技術が発達すると、どうなるのか？
⑤どのようにデータを分析するのか？　どのような取組が各地ではじまっているのか？

⑵　見付けた「問い」を分析する

教科書から抽出した各々の「問い」を詳細に分析します。最初の①は、大局的な理解を促す問いです。続く②③④は、現在の情報通信技術の状況を把握するための問いとして設計されています。そして、⑤はデータの分析や活用に焦点を当てる問いです。

資料７を参照にすると、①②③④⑤の「問い」はすべて「どのように～？」「何を～？」といった事実的知識を獲得する「知るための問い」です。目に見える事実的知識の獲得だけでは深まりのある授業とは言えません。

資料7（第7章2の資料5を再掲）

類型	社会的な見方（視点）			獲得できる知識
	位置や空間的な広がり	時期や時間の経過	事象や人々の相互関係	
知るための問い When Where Who What How	どこで広がったのか どのように広がっているのか	何が変わったのか どのように変わってきたのか	だれが生産しているのか どのような工夫があるのか	事実的知識
分かるための問い Why (How) (What)	なぜこの場所に広がっているのか	なぜ変わっているのか	なぜ協力することが必要なのか	概念的知識
関わるための問い Which	さらにこの場所に広げるべきだろうか	どのように変わっていくべきなのだろうか	共に協力する上でAとBとどちらが必要だろうか	価値的・判断的知識

(3) 「なぜ」の問いをつくる

授業に深みをもたせるためには、概念的知識や価値的・判断的知識を獲得するための「分かるための問い」や「関わるための問い」を見付ける必要があります。既存の①②③④の問いを基盤として、新たに「なぜデータを分析するのか？」という問いを考え出すことができます。データ分析の重要性やその意味について理解を深めることができます。

このように、**教科書の文章から「問い」を見付け出し、それらを組み合わせ、問いの構造と流れを考えることで、概念的知識を獲得するための「なぜ」という問いが浮かび上がる**のです。

事実情報のみを伝えるだけの授業になることを防ぐために、これらの「なぜ」や「どうすべきか」といった概念的な知識や価値的・判断的知識を引き出すことが肝要です。授業の深さは、単純に「なぜ」という問いの有無や発見の有無に大いに依存します。

実際、教科書に見開きで示されている学習問題のほとんどが「知るための問い」である「どのように〜？」で構成されています。つまり、教科書に掲載されている問いでそのまま学習しても、子供たちは目に見える事実しか捉えることができません。「暗記社会科」と揶揄されてきた原因の一つがここにあると感じています。1時間の授業のどこかに「分かるための問い」や「関わるための問い」を設ける必要があります。

記述内容を分析する時間が十分にないときは、授業の中で中心として扱う内容や資料を決め、どこかで「なぜ？」の問いをつくるようにします。それだけでも1時間で学習する内容の深さが変わってきます。

教科書に示されているように**「どのように？」でまずは事実を追究し、どこかで「なぜ？」を入れて深めていくようにすれば、手軽に1時間の授業をつくれる**のではないでしょうか。どのような「なぜ？」の問いをどこでどのように入れるかに、授業者の個性が現れるでしょう。

また、一度教科書の見方や分析方法がわかれば、あとは少しの時間で効果的に活用できるようになります。そして、教科書の構造を読み取ったり分析したりしていく過程が、新たなオリジナル教材をつくるときの大きなヒントになります。教科書を分析するという行為から得られるものは大きいのです。

提案④ 教科書＋αを考える

以上述べてきた「学習内容の絞り込み」「記述内容の分析・構造化」「問いの吟味」に慣れてくると、教科書が「見える」ようになります。見えるようになってくると、教科書に「＋α」で教材をつくることも考えられます。「＋α」は、**資料8**のように「学習内容・学習計画としての＋α」「学習活動としての＋α」「教材としての＋α」があります。

「学習内容・学習計画」としての＋αは、教科書に記述されている内容に、教師が追加の情報や学習素材を提供することです。この追加情報により、子供たちはより発展的な考え方や一般化のスキルを磨く機会が生まれます。

また、「学習活動」においても、調査や体験など新しい要素を導入します。さらに、「教材」においても、テキストだけでなく音声、映像、あるいは新たな資料を取り入れます。

資料8

学習内容 学習計画	○教科書内容を発展・拡大させる内容 ○地域学習後の一般化を図るための内容 ○地域に目を向けさせる内容 ○まとめの内容
学習活動	・インターネットで調べる・現地に電話する・フィールドワークを行う・体験する・ロールプレイ・作図・ディベート・クイズ
教材	・副読本・社会科資料集・小冊子・DVD・エピソード・資料(絵、写真、グラフ等)

目標達成のために必要なものを取捨選択する

しかし、このプロセスにおいて重要なのは、目標達成に不可欠な情報や要素を選び取り、他の情報や要素を排除する能力です。

要するに、「+α」の考え方は、追加だけでなく、選択と組み合わせも含まれています。このようなバランスを図ることが、効果的な教材開発と授業設計の鍵だといえるでしょう。

【未来志向の社会科に向けた問題解決の糸口】

①「年に1本の教材を開発できるようになる」くらいの意識をもって、長い時間を視野に入れながら教材開発を考える。

②身近にある教科書の特性を踏まえて、教科書の分析を試みる。慣れてくれば構造が見えるようになるので、その分析方法は一般化され、汎用的に使えるスキルとなる。

③教科書内容のどこかに「なぜ?」を入れるだけでも子供の学習の深まりを期待できる。

(宗實直樹)

[注]

①藤岡信勝『教材づくりの発想』日本書籍、1991年、37、38頁

②岩田一彦「教科書を分析する」『社会科教育』1990年2月号、明治図書出版、49、50頁

③岩田一彦「教科書を分析する」『社会科教育』1990年2月号、明治図書出版、51、52頁

4
社会科の「内容」はどのように変わっていけばよいのか

課題意識

社会科は「社会の変化に対応した内容を学ぶ教科」として存在し続け、未来社会を生きる子供たちに必要な資質・能力を育んでいくことが求められます。

それに対して、教師や子供から好まれているというデータはなかなか見られません。また、内容構成は学習指導要領改訂のたびに大変革には至らず、マイナーチェンジが繰り返されている感もあります。

ここでは、「机上の空論である」と自覚しつつも、未来の社会科の「内容」はどうあるべきかについてあれこれ考えてみます。

提案① それぞれの内容区分のバランスを精査する

小学校社会科の「内容」は「総合社会」などと呼ばれ、必ずしも地理、歴史、公民といった分野に分けることはできません。そのことが「何を教えればよいのか」と、「内容」の構成原理を説明しづらい状況を生み、指導しづらい教科という声が教師から挙がる状況につながっています。

そこで2017年告示の文部科学省「小（中）学校学習指導要領解説　社会編」（以下、「解説」という）では、222頁の**資料１**のように「内容」を区分して中学校の分野別社会科と並べることで、小学校社会科の独自性と中学校社会科との接続可能性を同時に示すようにしました。この区分の精査が、これからの社会科の内容改善の方向の一つになると考えられます。

1 「我が国の歴史」をねらい別に分けて4年間のつながりを精査する

次頁の**資料1**の「歴史と人々の生活」の区分内容を見ると、第3学年、第4学年には「地域の歴史」が、第6学年には「我が国の歴史」が、それぞれ位置付いていますが、第5学年には関連事項としての歴史的な事項はあるものの「内容」そのものの位置付けはありません。そこで、例えば「我が国の歴史」を第5学年と第6学年に分けてみる方法が考えられます。ただし、この方法はこれまで何度も提案され、そのつど消えていったものでもあります。

小学校の歴史学習は、従来から「人物の働きを通して具体的に学ぶこと」が求められていますが、現実的には江戸時代を境にして特定の人物を取り上げて単元を構成することが難しい状況にあります。学習指導要領上では、いわゆる明治以降の「為政者がたくさん登場する時代」や第二次世界大戦以降の人物が例示されていない時代になるからです。

そこで江戸時代までを第5学年に、明治時代以降を第6学年に位置付ける方法が考えられます。前者は人物の働き（や文化遺産）を中心に、後者は世の中の様子（時代像）を中心に学ぶといった分け方です。学習問題を見ても、前者は人物を主語にした事例が多く、後者は「日本」「政府」や「国民」が主語になる事例が多く見られます。このことからも、第5学年では、第4学年の「先人の働き」からのつながりを意図し、第6学年では、「国際交流や国際協力」へのつながりを意図することができます。しかし、この案が消えていった理由は、歴史全体の流れが小学生には分かりにくくなるからです。

2 エネルギー関連の「内容」を第6学年に位置付ける）

その一方で、「現代社会の仕組みや働きと人々の生活」の区分を見ると、第6学年には経済・産業の項目がないことに気付きます。その解決策として、これからの世界的な課題であるエネルギーに関する「内容」を第4学年の「電気やガス」から第6学年に移行（歴史の移行分）するこ

資料1　文部科学省「小学校学習指導要領解説　社会編」（150、151頁より）

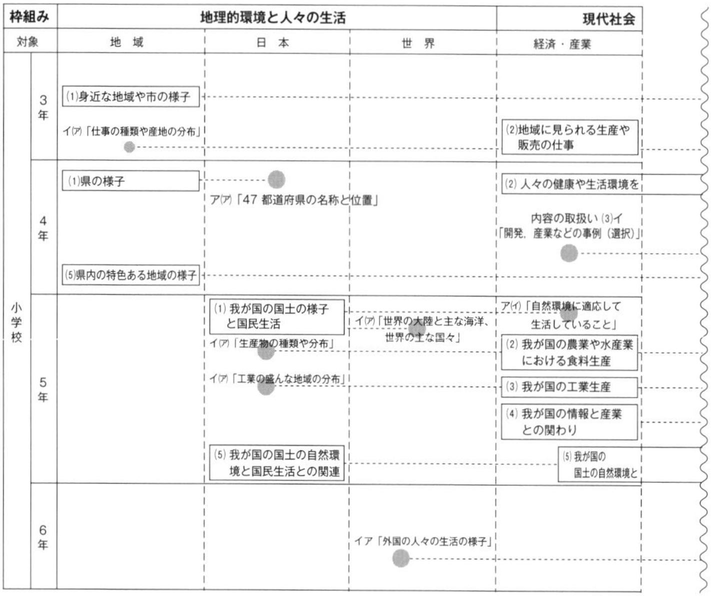

枠組み		地理的環境と人々の生活			現代社会
対象		地　域	日　本	世　界	経済・産業
小学校	3年	(1)身近な地域や市の様子 イ(ア)「仕事の種類や産地の分布」			(2)地域に見られる生産や販売の仕事
	4年	(1)県の様子 (5)県内の特色ある地域の様子	ア(ア)「47 都道府県の名称と位置」		(2) 人々の健康や生活環境を 内容の取扱い (3)イ「開発，産業などの事例（選択）」
	5年		(1) 我が国の国土の様子と国民生活 イ(ア)「生産物の種類や分布」 イ(ア)「工業の盛んな地域の分布」 (5) 我が国の国土の自然環境と国民生活との関連	イ(ア)「世界の大陸と主な海洋、世界の主な国々」	ア(イ)「自然環境に適応して生活していること」 (2) 我が国の農業や水産業における食料生産 (3) 我が国の工業生産 (4) 我が国の情報と産業との関わり (5) 我が国の国土の自然環境と
	6年			イア「外国の人々の生活の様子」	

とが考えられます。

そうすることで、現代社会の問題でもあるので、議論する機会が生まれ、6年生らしい内容になることが期待できます。

提案②「内容」の重複感や内容過多の印象を改善する

1　4年生の歴史に関する「内容」を精査する

第4学年の「歴史と人々の生活」の区分には、「県内の伝統や文化」「先人の働き」が位置付いており、加えて「地理的環境と人々の生活」に位置付けられてはいても歴史色の強い「地場産業の盛んな地域」や「伝統的な文化を保護・活用している地域」（選択事例）、「県内で過去に発生した自然災害とその対処」などが配列され、教材が重なる例もあり

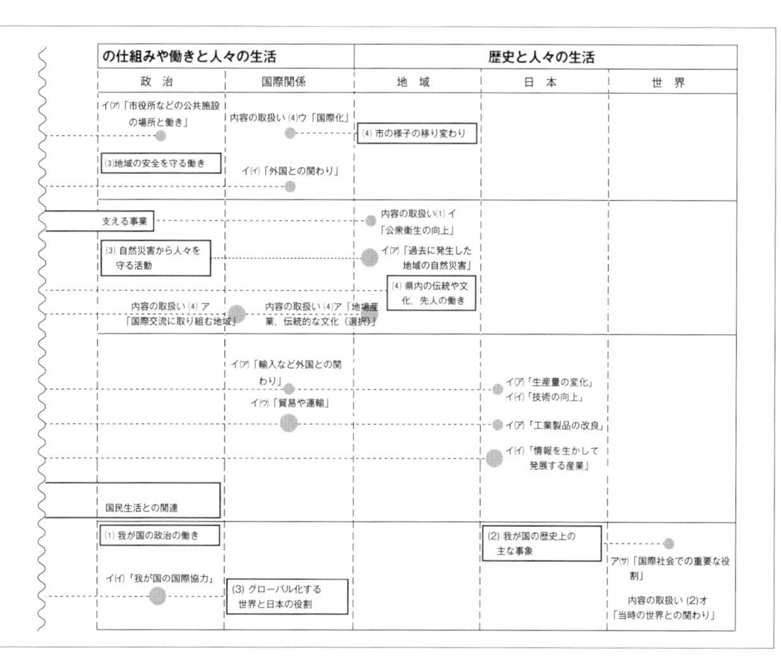

ます。他教科等でも指摘されているカリキュラム・オーバーロードを視野に入れると、精査する必要がありそうです。

先述のように、電気・ガスを６年生に移行すれば、飲料水と廃棄物の内容は行政サービス（政治の働き）として趣旨が明確になり（電気・ガスの供給事業は民間企業の運営）、「どちらかを選択」として内容精査を図ることも考えられます。子供による選択の可能性もあるかもしれません。

2 第５学年の「社会科離れ問題」を解決する

第５学年の社会科はデータ資料が増えたり視野が「我が国」へと広がったりするために、第４学年と比べると急に難しくなる印象があると指摘されています。子供たちへの調査でも社会科４年間で一番人気がないのは第５学年です。

「内容」を見ると、産業学習を第一次産業、第二次産業、第三次産業といったように旧来の産業構造で構成し、それぞれ２事例（２単元）程度扱うようになっています。また、国土学習を「世界から見た位置や国土の構成」等の概要と「公害、自然災害」等の国土と国民生活の関連を扱うようになっており、いわゆる「国土と産業の学習」という構成になっています。

この構造を組み直し、子供たちにとって関心の高い内容へと改善することが望まれます。例えば、第一次産業は、農業か水産業をどちらか選択して、国土の地形や気候の概要と関連付けて扱う、第二次産業は大（組立）工場か中小工場のをどちらかを選択して、情報活用と関連付けて取り上げる、また事例選択の基準として地域での見学や聞き取りができることを優先するなど、フレキシブルな展開が考えられる示し方を工夫します。

ここでも、子供たちが内容や課題を選択する授業展開が定着すれば、選択による情報量（内容）の減少という課題はある程度解決するものと考えられます。

提案③「内容」を現代版の「問いで構成」型とする

少々過激かもしれませんが、内容を「問い」で構成する方法も考えられます。以下は、昭和22年の学習指導要領試案に示された問いの例です。

問題一　私たちの祖先は、どのようにして家の場所を定め、家を建て、家具を備えつけたか。
問題二　私たちの祖先は、どのようにしていろいろな危険を防いだか。

もちろん、これらの「問い」は現在の社会科の「内容」に馴染みません。しかし、**「問いで内容を示す」という発想は、あらためて一つのヒントになる**気がします。教師が学習問題を創意工夫して考える自由を奪

資料2　社会科における「問いの深まり」の例

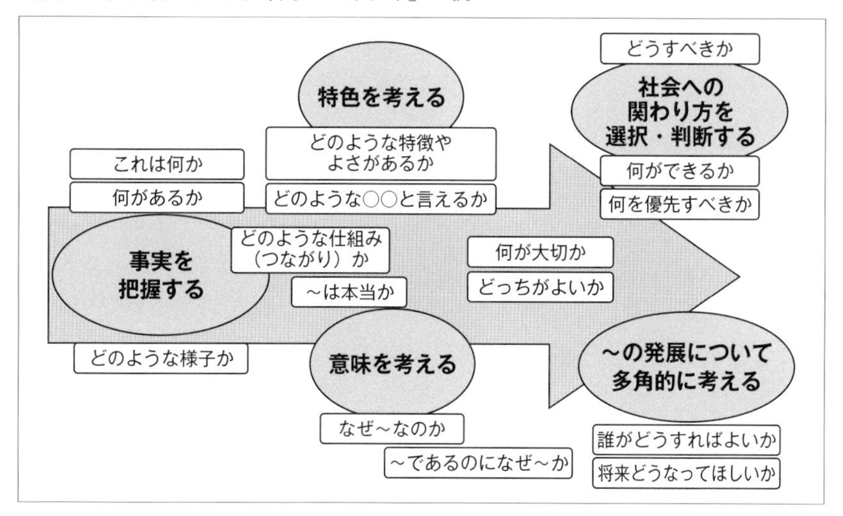

うのではなく、示された「問い」を参考にして教師が学習問題を考えるようにするという発想です。

「内容」の記述はそのままにして、「解説」で「問い」の例示を充実する方法も考えられますが、コンテンツ・ベースドからコンピテンシー・ベースドに舵を切る方法の一つとして、「問い」を前面に出すことが考えられます。

1 学年の段階による問いの深まりを意図する

（第１章でも述べたように）調べて考える小学校社会科の「問い」は「どのように」型が基本でよいと思います。ただし、社会科の教科目標を考えれば、学年が上がるに従って、**資料2**のように自分の生活や行動、社会の在り方を考えるために、価値を考えたり意思を決めたりする「問い」が充実していくことが望まれます。

「内容」を「問い」で示すことができれば、「どうすべきか」「何を優先すべきか」「私たちに何ができるか」などと考える文脈が単元の中で自然につくられ、第５学年、第６学年に求められている「議論する力」の育成が図られるようになるのではないでしょうか。

2 重要な概念を活用して考える社会科へ

「内容を問いで示す」といっても、「問い」だけで示すわけではなく、問題解決のプロセスを例示するという趣旨です。

これまでも、社会科の学習指導要領の「内容」には「～を理解すること」と理解事項（知識）が示されてきました。併せて、子供に身に付けて活用してほしい重要事項（重要語句）の存在も指摘されてきました。それに対して、それらを両方とも記載すると、「知識の二重構造」のようになり、先生方が混乱するだろうということで、前者のみが記述されてきました。

しかし、これからの「持続可能な社会を考える社会科」「未来志向の社会科」「ウェルビーイングと重なる社会科」などを考えると、（第２章でも述べたように）子供が社会科における重要な概念を追究の視点として考える活動が大切になります。そのため、まず「問い」を例示し、「追究の視点」としての活用概念と、最終的に望まれる理解事項としての獲得概念を**資料３**のように示すことが提案例として考えられます。

この例では、「協力」「対処」「備え」が獲得概念であり、「公助・共助・自助」「相互のつながり」が活用概念ということになります。また、「内容の取扱い」に加筆した「責任」「連携」なども活用概念といえます。このような形式にすれば、教師が言葉で「知識を教える」のではなく、子供が自ら考えて「知識を獲得する」学習になっていくのではないでしょうか。

しかし、実際の授業では、いずれの概念も問いに入れ込んで追究の視点となり得ることから、獲得概念と活用概念は相互にスパイラルのようにつながっていることが想定されるため、冒頭にも述べたとおり「机上の空論」であり、まだまだ熟していない案であることは明白です。みなさんと一緒に考えていくための材料としての一案を提起したにすぎません。

資料3

[内容] 現行の規定	[内容] 提案例
(3) 自然災害から人々を守る活動について、学習の問題を追究・解決する活動を通して、次の事項を身に付けることができるよう指導する。	(3) 自然災害から人々を守る活動について、**次のような**学習の問題を追究・解決する活動を通して、**資質・能力を養う**よう指導する。 **○どのような働きが私たちのまちを自然災害から守っているのだろう。** **○自然災害の被害を減らすにはどのような人々の働きが必要なのだろう。**
ア 次のような知識及び技能を身に付けること。 (ア) 地域の関係機関や人々は、自然災害に対し、様々な協力をして対処してきたことや、今後想定される災害に対し、様々な備えをしていることを理解すること。 (イ) 聞き取り調査をしたり地図や年表などの資料で調べたりして、まとめること。	**ア** 思考力、判断力、表現力等**の育成につながる追究・解決の活動** (ア) 過去に発生した地域の自然災害、関係機関の協力などに着目して、災害から人々を守る活動を捉え、その働きを**「公助・共助・自助」「相互のつながり」などの視点で**考え、表現すること。
イ 次のような思考力、判断力、表現力等を身に付けること。 (ア) 過去に発生した地域の自然災害、関係機関の協力などに着目して、災害から人々を守る活動を捉え、その働きを考え、表現すること。	**イ 身に付ける**知識及び技能 (ア) 地域の関係機関や人々は、自然災害に対し、様々な協力をして対処してきたことや、今後想定される災害に対し、様々な備えをしていること**に関する知識** (イ) 聞き取り調査をしたり地図や年表などの資料で調べたりして、まとめる**技能**

[入れ替え]

[内容の取扱い] 現行の規定	[内容の取扱い] 提案例
ウ イの(ア)については、地域で起こり得る災害を想定し、日頃から必要な備えをするなど、自分たちにできることなどを考えたり選択・判断したりできるよう配慮すること。	ウ イの(ア)については、地域で起こり得る災害を想定し、日頃から必要な備えをするなど、**「責任」「連携」などの視点で**「自分たちにできること**は何か」「そのなかで私は何をすべきか」**など**と**考えたり選択・判断したりできるよう配慮すること。

社会科の内容については、**社会の変化に伴って変化・改善していくことが望まれるため、新たな内容をいきなり加える必要が生じることもある**ので、これからの社会の動向、教育界の動向をしっかりと見極めつつ考え続けていくことが必要です。

【未来志向の社会科に向けた課題解決の糸口】
①「地理的環境と人々の生活」「現代社会の仕組みや働きと人々の生活」「歴史と人々の生活」の内容区分を軸にして各学年のバランスを精査する。
②カリキュラム・オーバーロードを踏まえ、内容の重複感や内容過多の印象を改善する。
③内容を現代版の「問いで構成」型とする（現在も検討中の考え方）。

（澤井陽介）

5
どうすれば小学校と中学校の社会科は共に発展していけるか

課題意識

小学校社会科と中学校社会科は、「似て非なるもの」として、つかず離れずといった感じで共存してきましたが、ときに互いを批判し合うような場面も見られました。その背景としては、学習指導要領に示されている目標や内容の違い、それに基づく単元展開の違いなどが挙げられます。

ここでは、その違いを明確にするとともに、それを踏まえた上で、共有すべき授業改善の視点や協働して研究する可能性について考えてみます。

小学校社会科（以後「小社」という）では「学習問題」「問題解決」と、中学校社会科（以後「中社」という）では「（学習）課題」「課題解決」と、それぞれ呼称が異なります。その違いの要因を踏まえることが大切です。

提案① 小社の「問題解決」と中社の「課題解決」の違いを踏まえる

1 学習問題と学習課題の比較

小社と中社の共通点は、２種類の問いが併存することです。小社では「学習問題」と「本時の課題（めあて）」などと呼び分け、中社では「単元の課題」と「（学習）課題」などと呼び分けます。本稿では前者を「大きな問い」、後者を「小さな問い」と称します。

小社で多くみられる学習展開を次頁の**資料１**のように捉えると、大きな問いと小さな問いの関係が、いわゆる「入れ子型」の様相であることが分かります。つまり、小社では大きな問いの役割が大きく、それを意識しながら単元の学習を展開するようになっているのです。そのため指

資料1　小学校社会科の「問いの構成」

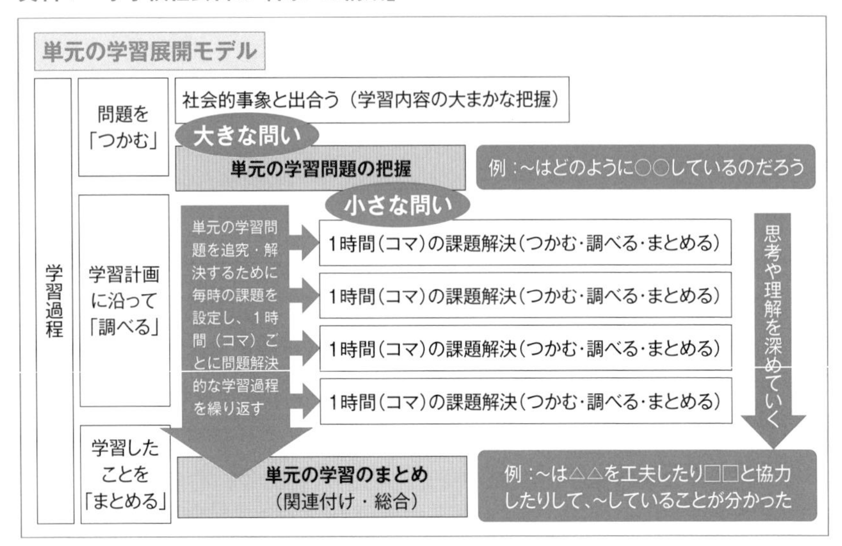

資料2　中学校社会科の「問いの構成」

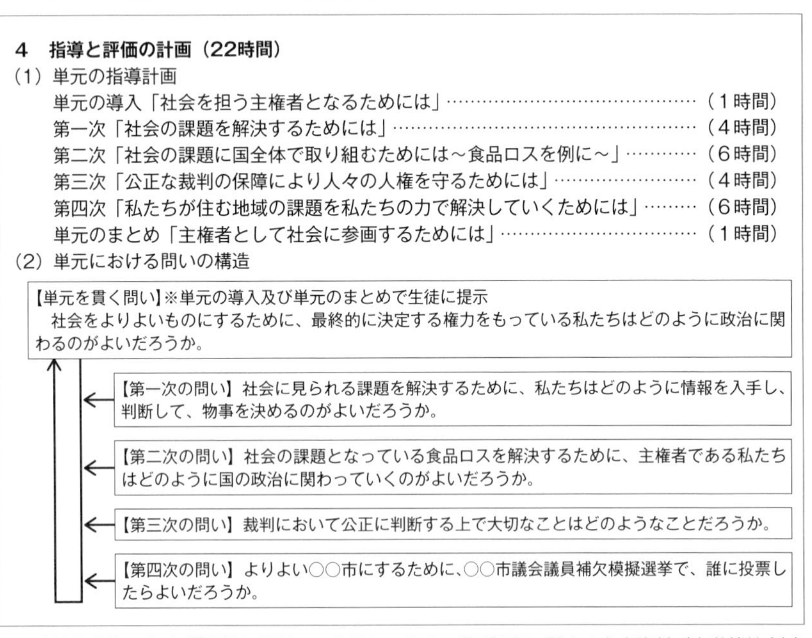

4　指導と評価の計画（22時間）

（1）単元の指導計画

単元の導入「社会を担う主権者となるためには」……（1時間）
第一次「社会の課題を解決するためには」……（4時間）
第二次「社会の課題に国全体で取り組むためには～食品ロスを例に～」……（6時間）
第三次「公正な裁判の保障により人々の人権を守るためには」……（4時間）
第四次「私たちが住む地域の課題を私たちの力で解決していくためには」……（6時間）
単元のまとめ「主権者として社会に参画するためには」……（1時間）

（2）単元における問いの構造

【単元を貫く問い】※単元の導入及び単元のまとめで生徒に提示
社会をよりよいものにするために、最終的に決定する権力をもっている私たちはどのように政治に関わるのがよいだろうか。

【第一次の問い】社会に見られる課題を解決するために、私たちはどのように情報を入手し、判断して、物事を決めるのがよいだろうか。

【第二次の問い】社会の課題となっている食品ロスを解決するために、主権者である私たちはどのように国の政治に関わっていくのがよいだろうか。

【第三次の問い】裁判において公正に判断する上で大切なことはどのようなことだろうか。

【第四次の問い】よりよい○○市にするために、○○市議会議員補欠模擬選挙で、誰に投票したらよいだろうか。

＊国立教育政策研究所「『指導と評価の一体化』のための学習評価に関する参考資料（中学校社会）」2020年3月より（以下「国研資料」という）

導計画に「学習問題（大きな問い）の設定」を位置付け、１単位時間をかけて児童の疑問を引き出しながら丁寧に設定します。

一方、中社では教師が大きな問いを提示し、それを念頭に置きつつも（あるいは提示せず）、毎時の小さな問いに比重が置かれることが多いという特徴があります。**資料２**をみれば分かりますが、生徒の疑問から生み出すことは困難であることが想定される抽象度の高い問いです（列記されているものはいずれも大きな問い。「大単元の問い」と「小単元の問い」のイメージ）。

この違いの要因について、教科用図書（以下「教科書」という）各社に書かれている問いやその構成を参考に（分野や内容が似ている単元から取り上げ）比較してみましょう（＊教科書の比較・考察や評価ではないので文意を受けつつ文章は筆者が加工し、「例」として記述します）。

2 大きな問いの違い―地理に関わる内容の記述から

▼【小社】第５学年

例１：世界の中で日本はどのように見えるだろう

例２：高い土地に住む人々のくらしや産業にはどのような工夫があるか

▼【中社】地理的分野

例３：日本の位置関係について確かめ、都道府県の位置関係や広がりについてみていこう

例４：世界各地の人々の生活は自然環境とどのような関わりがあるか

文意を捉えると、大きな問いの違いは、子供の疑問から学習意欲を高め学習を方向付けること、すなわち学習のスタートを重視する小社と、学習のまとめを明示して概念的知識の獲得、すなわち学習のゴールを重視する中社との違いがその一因であると考えられます。

3 内容構成の違い―歴史に関わる内容の「問いの構成」から

▼例５【小社】第６学年

大きな問い：武士の登場によって世の中はどのように変わっていったか

小さな問い：

①武士はどのように勢力をのばしていったのか

②源平の戦いで、源氏はどのようにして平氏を破ったのか

③頼朝はどのように武士たちを従えていったのか

④鎌倉幕府はどのように元と戦い、その後はどのようになっていったのか

▼例６【中社】歴史的分野

大きな問い：なぜ武士は政権を立て、社会を動かすほどの力をもつようになったのか

小さな問い：

①武士はどのように成長したのか

②武士はどのように政治の実権を握ったか

③武士の政権はどのような特色があったか

④鎌倉時代の武士や民衆はどのような暮らしをしていたか

⑤鎌倉時代の文化や宗教はどのような特色があったか

前半は似ていますが、中社の後半（④⑤）の問いは大きな問いとの関連付けが難しい感があります。さらにこの教科書紙面では「モンゴル帝国、元寇、南北朝、日明貿易、応仁の乱、室町文化など」の内容を合わせてもう一つの単元がつくられており、大きな問いは「東アジアでの交流が進み、産業や文化が発達する中で、日本はなぜ多くの戦乱が起こったのか」と難易度・抽象度の高いものになっています。

中社の教科書がこのようになっている背景には、学習指導要領の目標や内容があります。上記の学習展開に該当する小社の内容には「武士による政治が始まったことを理解すること」と事象の理解のみが求められているのに対し、中社では「中世の日本を大観して時代の特色を」考えること、すなわち時代像やその背景までが求められています。そのため、小社では一つの事象やその変化を追究する問いが成立するのに対し、中社では一つの事象やその変化を追う問いでは包みきれない「多様さ」が

存在するのです。

すなわち、小社では「歴史の展開を考える」ことを求めるのに対し、中社では1コマ時間ごとに一つ一つの事項に関する課題解決を通して多様な事項についての理解を重ね、それを単元の終末に広い視野で「時代像を多面的・多角的に」考察する単元展開となるわけです。こうした背景から、中社の大きな問いは、おのずと単元終末の考察を踏まえて設定することになると考えられます。

このように、小社と中社の目標や内容構成の違いが、それぞれの授業に影響していることをまずは共通理解することが必要であると考えます。

提案② 社会科らしい効果的な問いの組み合わせを考える

中社では、以下のように大きな問いとしての「なぜ」が多くみられます（括弧内は単元として想定されている時間数）。

- なぜ武士は政権を立て社会を動かすような力をもつようになったのか（5）
- 東アジアでの交流が進み、産業や文化が発達する中で、日本はなぜ多くの戦乱が起こったのか（7）　（以上、教科書より）
- 中部地方では、なぜ農業・工業の生産額がともに高いのだろう（4）
- 東北地方では、なぜ格子状に交通網を整備しようとしているのだろう（4）
- 関東地方では、なぜ人口や産業が集中しているのだろうか（6）
- なぜ、小林一三の事業は成功したのだろう。その理由を1900年代から1920年代の社会の変化から探ってみよう　（以上、国研資料より）

1 子供が見通しをもてる「なぜ」型の問いを工夫する

中社では、大きな問いに限らず毎時の小さな問いにも「なぜ」型が多くみられますが、小社ではいずれもあまりみられません。この違いについても着目する必要があります。

まず､「調べて考える」という手順を含む問いである学習問題を設定する小社では､「なぜ」とはじめから意味に迫り概念の獲得を明示する問いよりも「どのように」と事実収集からはじめる問いのほうが馴染みます。

一方、多面的・多角的に意味を考察するゴールを意図する中社では、「なぜ」とはじめから意味や意義を追究するように教師が仕組みます。このように、小社と中社の学習展開の違いから説明することができそうです。

他方、小社においても、１単位時間の授業では「なぜ」という教師の発問は多く発せられます。「なぜ」という問いが子供の好奇心や追究意欲をかき立てることがよく分かっているからです。しかし、単元の導入時から概念の獲得を明示する問いを提示するには、小学校という発達の段階では抵抗があると受け止められていることも現実です。

これからの**小社と中社が協働して授業改善を目指すには、意味や意義などに迫る「なぜ」と様子や特色に迫る「どのように」の問いの効果的な組み合わせを考えることが大切**ではないでしょうか。

小社の大きな問いを「なぜ」として設定する方法のヒントは、前頁の問いの例「なぜ、小林一三の事業は成功したのだろう。その理由を1900年代から1920年代の社会の変化から探ってみよう」にもあります。

つまり「調べる対象の範囲」を明示して、子供が見通しをもって追究できるようにする方法です。子供から予想を引き出し、それをいくつかの内容のまとまりにしてから「なぜ～なのでしょうか。○○や○○を調べて考えましょう」という案配です。

2 柔軟な問いの組み合わせを考える

小さな問いも視野に入れて考えれば､「なぜ」という問いと「どのように」という問いは、以下のように表裏の関係であることが分かります。

・「なぜたくさん売れるのか」→「どのように販売しているか」
・「どのような販売方法か」→「なぜ種類ごとに分けて並べているのか」

つまり「なぜ」と「どのように」は、何に着目させて追究させるかという視点で柔軟に組み合わせることが可能なのです。なぜなら「なぜ」という問いは、因果関係や条件、背景、理由など様々なレベルでその事象の意味に迫る問いであり、「どのように」という問いも事実や様子、仕組みや特徴、よさなど、様々なレベルで事象の特色に迫る問いであるからです。

もっと柔軟に問いを組み合わせながら子供の学習の見通しや追究意欲を高めていく工夫・改善が求められるのではないでしょうか。また、社会的な見方・考え方を小社と中社でつないで考える際にも、問いの組み合わせを共有することがヒントになるかもしれません。

提案③ 問題（課題）解決の見通しを重視する

ここまで述べてきたように、**小社と中社に共通する授業改善の視点は、子供の主体性につながる「問題（課題）解決の見通し」をもたせること**ではないでしょうか。

文部科学省からは、学習指導要領で「主体的・対話的で深い学び」が求められ、学習評価の観点として「主体的に学習に取り組む態度」が示されました。中央教育審議会からは「個別最適な学び」が提唱されています。これからの学校教育では、子供一人一人が自分の学びについて見通しをもって選択・決定し、自力で調整しながら粘り強く追究していく主体性が求められていることは間違いありません。

当然ながら社会科も例外ではありません。しかし、小社では学習のスタートを重視するあまり、学習問題づくりが目的になったり、一人一人の問いが不明確なまま学習問題が形骸化して「調べてまとめる」だけの

資料3　中学校社会科（地理的分野）の「問いの構成」

中学校社会科の（学習）課題

A社指導計画資料を参考に作成

地理的分野	1時間ごとの課題
単元を貫く課題（章の問い）	
世界各地の人々の生活は、自然環境とどのような関わりがあるか	世界の人々が暮らすそれぞれの地域にはどのような気候の違いが見られるか
	雨が多く気温が高いインドネシアでは、人々はどのような生活をしているか
	乾燥した地域が広がるアラビア半島では、人々はどのような生活をしているか
	温暖なスペインでは、人々はどのような生活をしているか
	冬の寒さが厳しいシベリアでは、人々はどのような生活をしているか
	標高が高いアンデス山脈の高地では、人々はどのような生活をしているか
	世界各地の人々の衣食住は、自然環境とどのような関わりがあり、どのような変化がみられるか
	世界の宗教はどのように分布し、人々の生活にどのような影響を与えたか

授業になったりしてはいないでしょうか。また、中社では教師が主導するゴール設定を重視するあまり、（学習）課題が不明確であったり生徒に届いていない状況があったりして、生徒が見通しをもてず主体的に学べていないといった状況になってはいないでしょうか。

1 中社における課題解決の見通し

資料3は、中社（地理的分野）の教科書に記載されている大きな問いと小さな問いを並べたものです。確かに大きな問いは「環境との関わり」という意味をはじめから求めています。しかし、1時間ごとの小さな問いとの関連付けはできそうに見えます。

例えば、「世界各地には気候においてどのような特徴的な場所があるか」→「インドネシアとアラビア半島、スペイン、シベリア、アンデス山脈からいくつか選んでそれぞれの気候の予想をしてみよう」→「自分が予想を確かめたくなった場所を決めて資料で調べて、そこに住む人々の生活とどのような関わりがあるか考えてみよう」といった流れで生徒

資料4　中学校社会科（公民的分野）の「問いの構成」

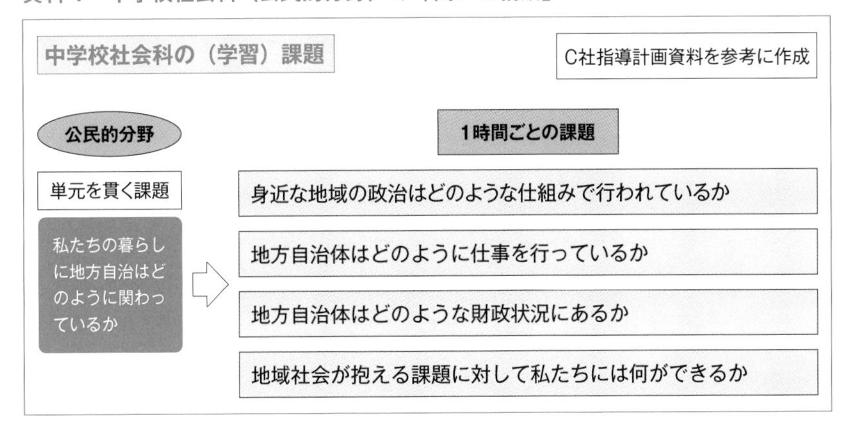

の主体性を引き出すことができそうに見えます。

一方、**資料4**も中社（公民的分野）の教科書に記載されている大きな問いと小さな問いを並べたものですが、こちらは、少し手強そうです。地方自治と住民の生活との関わりを考えさせる大きな問いに対して、調べる事項が、①「地方自治の仕組み」、②「地方自治の仕事」、③「地方自治の財政状況」、④「地域社会の課題」と多様だからです。

しかし、こうした場合でも「地方自治は私たちの暮らしがどのような関わりがあるかについて考えるためには、何を調べればよいかな」→「まず仕組みと仕事の内容を調べてみよう①②」→「財政には限りがあり使い道の選択が必要だ③」→「私たちはどのように関わればよいのか④」という展開、すなわち①②は子供が見通しをもって調べ、③④は教師が問いかけて深く考えさせるといった展開が考えられそうです。

また、**資料3**の例でも、後半は単元のまとめに向けて教師が問いかけて考えさせることが実際的でしょう。

2 小社における問題解決の見通し

この考え方を小社と中社で共有できれば、次頁の**資料5**のように小社でも単元のはじめの段階で、学習問題づくりばかりに終始せず、「何を

資料５　小学校社会科の「問いの具体化」（35頁より再掲）

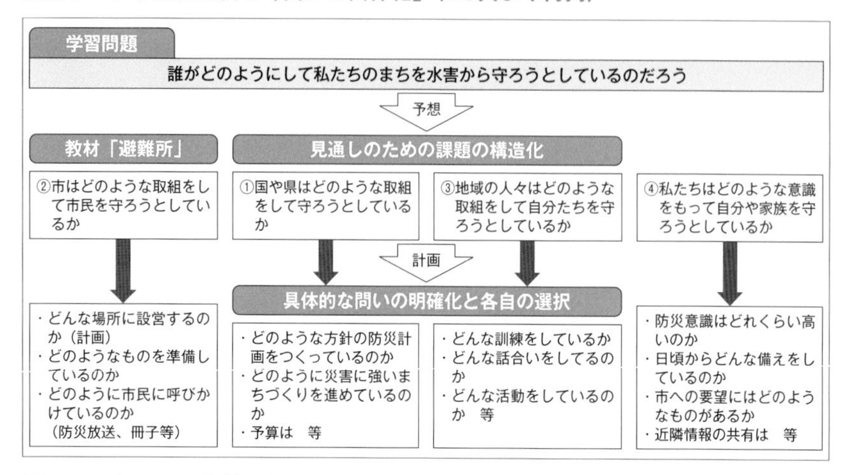

調べればよいか」「○○に関わって何を調べたいか」「調べてどんな疑問を解決するか」などと、一人一人に学習の見通しや意思をもたせることに心を砕くことが大切であることに気付きます。

大きな問いと小さな問いとの関連を子供の「見通し」や、それに伴う「意思」でつなぎ、子供自身がそのことを自覚しながらできる限り単元展開の長いスパンで問題（課題）解決の見通しをもって学ぶことができるように指導することが、これからの教育で求められる授業改善の大きな視点になるのではではないでしょうか。

【未来志向の社会科に向けた課題解決の糸口】
①小社の「問題解決」と中社の「課題解決」の違いを踏まえる。
②社会科らしい効果的な問いの組み合わせを考える。
③問題解決・課題解決の見通しを重視する。

（澤井陽介）

【第８章：参考・引用文献】
［１の参考・引用文献］
①宇佐美寛著『思考指導の論理─教育方法における言語主義の批判』明治図書出版、1973年
②松本康「全国社会科教育学会第46回大会課題研究発表資料」より引用
③小原友行編著『「思考力・判断力·表現力」をつける社会科授業デザイン小学校編』明治図書出版、2009年

［２の参考・引用文献］
・中央教育審議会教育課程部会社会・地理歴史・公民ワーキンググループ「資料15　社会的な見方や考え方（追究の視点や方法）の例（案）」2016年、https://www.mext.go.jp/b_menu/shingi/chukyo/chukyo3/071/siryo/__icsFiles/afieldfile/2016/07/25/1372399_15.pdf（2023年7月2日最終閲覧）
・経済産業省『ダイバーシティ経営の推進』2023年、https://www.meti.go.jp/policy/economy/jinzai/diversity/（2023年6月30日最終閲覧）
・ダイアン・J. グッドマン著、出口真紀子監訳、田辺希久子訳『真のダイバーシティをめざして―特権に無自覚なマジョリティのための社会的公正教育』上智大学出版、2017年
・堀井紀壬子著『女性社員のやる気を引き出すセルフ・エスティーム』幻冬舎、2017年
・文部科学省『教育振興基本計画』2023年、https://www.mext.go.jp/content/20230615-mxt_soseisk02-100000597_01.pdf（2023年6月30日最終閲覧）

［３の参考・引用文献］
・藤岡信勝『教材づくりの発想』日本書籍、1991年
・岩田一彦「教科書を分析する」、『社会科教育』1990年２月号、明治図書出版、49～53頁
・澤井陽介、加藤寿朗編著『見方・考え方［社会科編］』東洋館出版社、2017年
・鈴木健二『教師力を高める～授業づくりの基礎となる20の視点』日本標準、2010年
・溝上泰・片上宗二・北俊夫 編『授業に生かす教科書活用のアイデア』明治図書出版、1996年
・井田仁康、唐木清志編著『初等社会科教育』ミネルヴァ書房、2018年
・日台利夫『社会科授業技術の理論』明治図書出版、1981年
・星野清一『子どもを育てる社会科授業の急所』明治図書出版、1982年
・岩田一彦『社会科の授業設計』明治図書出版、1991年
・小西克美編著『わかる社会科授業づくりのキーポイント』明治図書出版、1985年
・溝上泰「教科書の上手な活用法・そのポイントはどこか」、『社会科教育』1980年12月号、明治図書出版
・佐藤正寿監修、宗實直樹編著『社会科教材の追究』東洋館出版社、2022年
・教育出版『小学社会５』2020年
・村田辰明編著『テキストブック・授業のユニバーサルデザイン・社会』授業UD学会、2021年
・吉本均編『授業設計のストラテジー』明治図書出版、1984年

［４の参考・引用文献］
・文部省「学習指導要領　一般編（試案）」日本書籍、1947年
・文部科学省「小学校学習指導要領解説　社会編」2017年
・拙書『授業づくりの設計図』東洋館出版社、2020年

［５の参考・引用文献］
・教育出版『小学社会５』令和２年、「中学校社会 地理 地域に学ぶ」令和３年
・東京書籍『新しい社会６』令和２年、「新しい社会 歴史」令和３年
・帝国書院『社会科中学生の地理　世界の姿と日本の国土』令和３年
・国立教育政策研究所『「指導と評価の一体化」のための学習評価に関する参考資料（中学校社会）』2020年３月

おわりに

本書の構想を練るに当たり、最も重視したのが執筆者の選定でした。

社会科の不易も流行も、過去も現状も未来も、自国も外国も、森も木も、などと欲張って人選した結果、中田正弘先生、加藤寿朗先生、宗實直樹先生にかかわってもらうことになりました。

その結果、「『これからの社会科教育はどうあるべきか』という問いに対するアンサーはこれほどまでに多岐にわたるものか、語るべきことが多いのか」と実感するに至りました。

なかには、前途多難で、自分から遠いものに感じてしまった読者もおられたかもしれません。実際、初見では、編者である私自身もそう感じたくらいです。

しかしよく読んでみると、違った風景が見えてきます。

各執筆者の立場、日常的な社会科との関わり方は三者三様です。言葉の使い方や言い回し、具体・抽象の程度もそれぞれ。そうであるにもかかわらず、各論のもつ意図や願いに、数多くの共通点を見いだすことができます。その中心にあるのが「子どもの学びや育ち」です。あらためて私たち４人は教育者なのだと痛感します。

さて、最後にお伝えしたいことは、次のとおりです。

「目標や課題は共有した上で、その実現や解決に迫るプロセスは、各自で主体的かつ個別最適に！」

まさに「これからの社会科授業の在り方」と同じです。本書を通じて何かしらヒントを見いだしていただけたならば、あとは自分の選択・意思決定です。ご自身がよいと思える授業づくりや教科研究を考えていただければよいのだろうと思います。

学習の自己調整はエラーあってこそ。「トライアル＆エラー」で、チャレンジングな授業実践を進めていただくことを祈っています。

令和５年12月吉日　大妻女子大学教授　澤井　陽介

執筆者一覧

澤井陽介
大妻女子大学教授

東京都の公立小学校教諭、教育委員会の指導主事、副参事、文部科学省の教科調査官、視学官、国士舘大学教授を経て令和４年４月から現職。主な著書は、『澤井陽介の社会科の授業デザイン』『学級経営は「問い」が９割』『授業の見方』『授業づくりの設計図』『できる評価・続けられる評価』（いずれも東洋館出版社）、『新学習指導要領社会の授業づくり』『「本当に知りたい」社会科授業づくりのコツ』（いずれも明治図書出版）他多数。

中田正弘
白百合女子大学教授

博士（教育学）。2017年版学習指導要領（小学校社会）等の改善に係る検討に必要な専門的な作業等協力者。主な著書は、『ポジティブ&リフレクティブな子どもを育てる授業づくり』（編著、学事出版、2020年）、『実践小学校社会科指導法』（編著、学文社、2021年）、『データからデザインする教師の組織的な学び』（共著、学事出版、2022年）他多数。

加藤寿朗
島根大学教授

島根県生まれ。昭和62年から島根県や広島大学附属学校で小学校教諭として勤務。平成20年より現職。主な著書は『子どもの社会認識の発達と形成に関する実証的研究』（風間書房、平成19年）、『授業の心理学』（福村出版、平成26年）、『協働・対話による社会科授業の創造』（東信堂、令和元年）など多数。

宗實直樹
関西学院初等部教諭

1977年兵庫県生まれ。兵庫県公立小学校教諭を経て、現職。社会科教育、美術科教育、特別活動を軸に、「豊かさ」のある授業づくり、たくましくしなやかな子どもの育成を目指して、反省的実践を繰り返す。主著に『宗實直樹の社会科授業デザイン』（東洋館出版社）、『社会科「個別最適な学び」授業デザイン』（明治図書出版）他、共著、論文多数。

これからの社会科教育はどうあるべきか

2023（令和5）年12月10日　初版第1刷発行
2024（令和6）年10月30日　初版第3刷発行

著　者：澤井陽介、中田正弘、加藤寿朗、宗實直樹

発行者：錦織　圭之介
発行所：株式会社　東洋館出版社
〒101-0054　東京都千代田区神田錦町2-9-1
コンフォール安田ビル2階
代　表　TEL 03-6778-4343
営業部　TEL 03-6778-7278
振　替　00180-7-96823
U R L　https://www.toyokan.co.jp

装　幀　水戸部 功
本文デザイン・組版　株式会社明昌堂
印刷・製本　株式会社シナノ

ISBN978-4-491-05384-4　Printed in Japan